Kronik

CUMHURİYET'İN İLK SABAHI

—

ŞERMİN YAŞAR & İLBER ORTAYLI

KRONİK KİTAP: 399
Çocuk Kitaplığı: 8

YAYIN YÖNETMENİ
Olcay Mağden

EDİTÖR
Olcay Mağden

RESİMLEYEN
Gökçe Akgül

KAPAK TASARIM
Eray Ergün, Gökçe Akgül,
Aynur Sarıbüyük

MİZANPAJ
Eray Ergün, Aynur Sarıbüyük

1. Baskı, Mayıs 2023, İstanbul
25. Baskı, Mart 2025, İstanbul

ISBN
978-625-6989-49-8

KRONİK KİTAP
Şakayıklı Sk. No8, Levent
İstanbul - 34330 - Türkiye
Telefon: (0212) 243 13 23
Faks: (0212) 243 13 28
kronik@kronikkitap.com

Kültür Bakanlığı Yayıncılık
Sertifika No: 49639

www.kronikkitap.com
kronikcocuk_

BASKI VE CİLT
Optimum Basım
Tevfikbey Mah. Dr. Ali Demir Cad. No: 51/1
34295 K. Çekmece / İstanbul
Telefon: (0212) 463 71 25
Matbaa Sertifika No: 41707

CUMHURİYET'İN İLK SABAHI

ŞERMİN YAŞAR & İLBER ORTAYLI

Resimleyen: Gökçe Akgül

Kronik

GİRİŞ

1919'daydık.

Ülkemiz yıllardır düşmanla mücadele ediyordu. Türk vatanının büyük bir kısmı düşman tarafından ele geçirilmişti. Ordumuz, askerimiz, insanımız yorgun düşmüştü. Açlık, yoksulluk, çaresizlik içindeki halk ne yapacağını bilmiyordu. Erkeklerin çoğu askere alınmıştı. Giden askerlerin çoğu geri gelemiyor, çocuklar babasız büyüyordu. Bizim kayıplarımız en başta aydınlarımız olmuştu. Bildiğiniz bütün yüksekokulların, Tıbbiye'nin, Mühendis Mektebi'nin sınıfları boşalmıştı. Gençlerin çoğu şehit düşmüştü. Anadolu'da en iyi zanaatkârlar, tarlaları süren çiftçiler, eli ayağı tutanlar ölmüştü. Geriye kalanlar ise savaştaydı. Birçok cephede savaşmaya devam ediyorduk. İşgalciler ülkemizin dört bir yanında kol geziyor, göz korkutuyordu.

Tüm bunlara rağmen; insanımız zafere ulaşmaktan başka hiçbir çaremizin olmadığını çok iyi biliyordu. Vatan sevgisi, öfke, inanç, birlik beraberlik gücü, sıkışmış bir barut topu gibi gün geçtikçe büyüyor ve ülkenin tamamını sarıyordu.

Evet, 1919'da Türkiye yenikti, bitkindi ama işgalcilerin hesaba katmadıkları şuydu: toplumun yüksek ve hızla örgütlenme niteliği...

Mustafa Kemal ve arkadaşları işte bu inancı sabırla, kararlılıkla, büyük bir yüreklilikle ateşlediler.

Bundan sonrasında tüm ülke kurtuluş için savaşacak, kurtuluş için yaşayacak, kurtuluş için nefes alacaktı...

İlber ORTAYLI

ONLAR CEPHEDE SAVAŞIYORLAR, BİZ BURADA

ANKARA, 1919

BİRİNCİ BÖLÜM

ONLAR CEPHEDE SAVAŞIYORLAR, BİZ BURADA

ANKARA, 1919

- 1 -

Dünyaya gözlerimi bir savaşın ortasında açtım. Savaşın ortasının tam olarak neresi olduğunu bilmiyordum ama annem hep "Savaşın ortasında doğurdum ben seni," derdi. Ben de sanırdım ki annem de babamla savaşa gitmiş, cephede sağımızdan solumuzdan kurşunlar geçerken beni doğuruvermiş. Sonra babama "Oğlun doğdu İsmail Çavuş!" demişler. Babam sevinçten öyle bir çığlık atmış ki karşı tarafın askerleri korkup kaçmışlar. Sonra babam beni sevmiş, öpmüş. "Hadi siz eve dönün artık, benim biraz daha işim var," deyip, annemle beni memlekete göndermiş.

Annem "Ben seni savaşın ortasında doğurdum," dedikçe, ben böyle hayal ederdim. Öyle olmadığını sonradan öğrendim.

Ben doğduğumda babam cephede savaşıyormuş. Savaşa giderken anneme, geri geleceğine dair söz vermiş. Bence savaşta en çok çalışan, cephede en hızlı koşan, en korkusuz asker benim babamdı. Annem öyle anlatıyor. O hiç cepheye gitmemiş ama yine de oradaymış gibi anlatıyor. Ne zaman ocağımız fazla yansa annem hemen üstüne kül atıyor. "Askerlerimiz cephede soğuktalar," diyor. Ne zaman sofraya otursak "Askerlerimizin yiyecek ekmeği yok," diyor, sofradan doymadan kalkıyor. Ayağıma çarığımı her giydiğimde "Ah, askerlerimizin çarığı bile yok doğru düzgün," diyor.

Bir gün annem yine böyle anlatırken, "Sen de mi savaşa gittin ki?" diye sordum. "Gittin mi de gitmiş gibi anlatıyorsun?"

Annem "Onlar cephede savaşıyorlar, biz burada. Bütün memleket savaşta. Senin çıplak ayağın da savaş, aç karnın da savaş," diye cevap verdi. Belki öyledir. Ama yine de bu, babamın çok büyük bir asker olduğu gerçeğini değiştirmiyor, o bizden daha çok savaşta. Evde otururken savaş mı olur?

İLBER ORTAYLI'dan mesaj var.

"Birinci Dünya Savaşı esasında bir Avrupa savaşıdır. Ama ilk defadır ki cephe gerisindeki halk bu kadar büyük sıkıntılara uğramış, çektikleri bu sıkıntılar ve kıtlık dolayısı ile dünyayı değiştirecek olaylara katılmıştır. Harbin sonunda Avrupa ve dünya çok değişecekti; çünkü "Büyük Harb" imparatorlukların yıkımını beraberinde getirmişti. Birinci Dünya Savaşı, Türk halkı için de en acı hatıralarla doludur. Cephede şehitlerin yanı sıra cephe gerisinde yokluktan, hastalıktan ölümler ve yoksulluk, çaresizlik dolu bir hayat söz konusudur."

Babam cepheye Hakkı'nın babasıyla birlikte gitmiş. Hakkı benim arkadaşım. Macuncu Hakkı. Sokaklarda satılan macun var ya hani. Bizim karşı komşumuz. Ama onun babası geri döndü. Hakkı'nın babasının geri döndüğü gün, biz de çarşıdan eve dönüyorduk. Çarşıdaki caminin önünde bütün gün Hakkı'yla birlikte satış yapmıştık. O macun satıyordu, ben şerbet. Çok kalabalık ve sıcak bir gündü. Şerbetim çoktan bitmişti, güğümüm tam takır kuru bakırdı. Oyun oynaya oynaya bizim mahalledeki yokuşu çıktık. Sokağa girdiğimizde Hakkıların evinin önündeki kalabalığı gördük. Kapının önünde bekleyen adamlardan biri, Hakkı'ya "Koş evladım koş, baban geldi!" diye bağırdı. Olduğumuz yere çivilenip kaldık. Bizim kapının önünde kimse yoktu. Keşke orası da böyle kalabalık olsaydı.

Hakkı yerinden kımıldamıyordu. Kolundan çektim. Macun tezgâhı yere düştü. Babasını daha önce hiç görmemişti. Ben de görmemiştim. Ama birbirimize hep babalarımızı anlatıyorduk.

"Benim babamın boyu iki metre, upuzun; düşman sadece boyunu bile görse korkar babamdan. Abim hatırlıyor babamı, yalan söylemez o, babam sahiden iki metre," diye anlatıyordu Hakkı hep. Bir an önce içeriye girip o kocaman babayı görmek istiyordum, ama Hakkı kımıldamıyordu. Birileri gelip kolumuzdan çeke çeke bizi eve doğru sürükledi. Ben de sanki kendi babam gelmiş gibi Hakkı'yla birlikte bahçe kapısından içeriye girdim. Çok merak ediyordum. Hiç baba görmemiştim o zamana kadar. Mutfak tarafında kadınlar koşturuyor, birileri ağlıyordu. Ağlayan kadınların arasında annemi gördüm. Ama annemin ağlamasına şaşırmadım. O zaten hep ağlıyordu.

Hakkı'yı içeri doğru ittirdiler.

"Gir oğlum, gir, çekinme, baban o senin," dedi birileri.

Hakkı bembeyaz olmuştu, elinden tuttum. Kapının eşiğinden baktık sadece, daha fazla ilerleyemedik. İçeride upuzun boylu kimse yoktu. Bir sürü dede vardı. Bir de dedeye benzeyen bir adam.

"Hoş geldin desene evladım babana!" dedi birileri. Sedirin üstündeki tanımadığımız, o dedeye benzeyen adamı işaret ettiler. Herkes ona bakıyordu. Yüzü zayıf, yanakları içine çökmüş, güneşte kavrulup yandığı besbelli biriydi babası. "Savaşta askerlerimizin doğru dürüst yiyecek bir şeyi yok," diye anlatıyordu annem. Doğruydu demek ki. Hakkı'nın babası günlerdir ekmek yememiş gibi zayıftı. Adam, Hakkı'ya doğru bir kez baktı, sonra başını çevirip yanındakilerle konuşmaya devam etti. Kalkıp Hakkı'ya sarılmasını beklemiştim. Ama kalkamayacağını sonradan anladım. Bacaklarının dizden aşağısı yoktu.

Hakkı korkudan bayılacak gibiydi. Onu kolundan çekip dışarı çıkarttım. Mahallenin çeşmesinde yüzümüzü yıkadık.

"Ben eve gidiyom," dedim Hakkı'ya. Canım sıkılmıştı. Biraz sonra sırtında döşeğiyle Hakkı da geldi.

"Ben bu gece sizde uyuyayım," dedi.

Hakkı'ya serebileceğimiz ikinci bir döşeğimiz yoktu. Sırtında getirdiği döşeği benimkinin yanına serdi. Üzülmüş müydü, korkmuş muydu, utanmış mıydı? Hissettiği tam neydi bilmiyorum. Gece uyurken "Hani babam iki metreydi, abim yalan söylemiş," diye sayıkladı. Abisi yalan söylememişti oysa, bacaklarının yarısını cephede bırakmıştı babaları.

Savaştan cepheye gittiği gibi dönen kimse yoktu.

İLBER ORTAYLI'dan mesaj var:

"Birinci Dünya Savaşı'nda biz bir vatan ve millet olduğumuzu ispat ettik. Vatan için savaşan, millet için ölen insanlar her yerde yoktur. Uzun savaşlarda gençlerimiz, zanaatkârlarımız, çiftçilerimiz, eli ayağı tutan herkes şehit oldu."

- 2 -

Evimiz Hacı Bayram Veli Camii'ne çok yakın. Sabahları daha ezan okunmadan uyanıyorum, çünkü hoca camiye giderken sokaktan öksürerek geçiyor. Caminin yakınındaki evler öksürük sesiyle uyanıyor, uzaktakiler ezan sesiyle. Ben uyandığımda annemi ya dua ederken ya ağlarken buluyorum. Annemin ağlamasını hiç istemiyorum.

Benim bir abim, ablam yok. Bir annem, bir de ben, tek başımızayız. Annem evimizden hiç çıkmaz. Bütün gün evde çarık dikiyor. Bu çarıkları gelip birileri evden alıyor, askerlere gönderiyorlar. Annem bir evimiz olduğu için her gün saatlerce şükreder. "İnsanlarımız evsiz barksız, kalacak yerleri yok, çok şükür evimiz var," der durur. Haklı. Ben bütün gün sokaklardayım. Her yer evsiz insan dolu. Ev dediğim de bir göz oda işte. Damı akıyor. Annemle birlikte yatıyoruz. Bir tane döşeğimiz var. Kışın evimiz çok soğuk oluyor, birbirimize sarılınca ısınıyoruz.

Birkaç yıldır sokaklarda şerbet satıyorum. Şerbeti annem evde kaynatıyor. Reyhan şerbeti... O kadar güzel ki, bazen dayanamayıp kendim de içiyorum. Ama çok içmem. Çok içersem satamam. Satamazsam para kazanamam, oysa bizim paraya ihtiyacımız var.

Sabah mektebe gidiyorum. Mektepteyken aklım hep şerbet güğümümde oluyor. Hele hava sıcaksa... Dışarıda insanlar var. Hepsinin canı şerbet ister ama ben mektepte oturmuş hocayı dinliyorum. Dersten ne olacaksa sanki? Dersler karnımızı mı doyuruyor?

Bunları düşünürken kıpırdanıp duruyorum. Hoca bana kızıp dışarıya atsın diye yapıyorum bunu. Atsa güğümümü kaptığım gibi fırlar giderim. Aklım hep sokaklarda.

Bir gün yine kıpırdanıp dururken hoca bana kızdı. Kulağımı sertçe çekip "Böyle yapacaksan gelme bir daha mektebe," dedi. Ben de zaten böyle desin diye bekliyordum. Eve varınca anneme söyledim.

"*Hoca bir daha mektebe gelirsen seni döverim, git şerbet sat. Burada öğreneceğini öğrendin zaten,* dedi. Bir daha gitmeyeceğim," dedim. Tam böyle dememişti ama buna benzer bir şey söylemişti işte. Annem de "İyi o zaman gitme sen de," desin diye bekliyordum. Ama bunun yerine, ertesi sabah benimle geldi. Mektebe koşarak gittik. Annemin adımlarına yetişmekte zorlandım. Ona bir türlü laf anlatamamıştım.

"Gelme," dedi bana, "niye gidiyoruz?"

"Gelme, dememiştir."

"Vallahi gelme dedi ama şimdi sen de geliyorsun. Bari birimiz gidelim. Sana gerek yok, sen dön ben tek gideyim."

"Yemin etme bari edepsiz. Yalan söylediğin besbelli."

"Yalan mı? Sen söyle, şerbet mi önemli, mektep mi?"

"Mektep."

"Anne bari hızlı yürüme. Kaçmıyor ya mektep. Hiç değilse geç gidelim."

"Başlarında erkek yok, bu kadın bir başına sokakta geziyor der, elâlem. İşimizi hızlıca bitirip dönelim."

Elâlem kimdi bilmiyordum, ama her kimse annem ondan çok korkuyordu. Hep evde oturuyor, hiç dışarıya çıkmıyordu. Mektebe varınca hocama, babamın şehit düştüğünü, başka kimsemizin kalmadığını, tek kazancımızın şerbet olduğunu, beni idare etmesini söyledi annem. Başını salladı hoca. Ben babamın şehit olduğunu o gün öğrendim. O zamana kadar hep babam gelecek diye bekliyordum...

Hoca bir daha bana kızmadı. Ben de o gün öğleye doğru fırlayıverdim mektepten eve, hava sıcaktı. Güğümü kaptığım gibi de doğru çarşıya.

Babamın şehit olduğunu o gün tüm satıcı arkadaşlarıma söyledim. Kimse üzülmedi. Hepimiz şehit çocuğuyduk. Neredeyse hiçbir çocuğun babası yanında değildi, hepsi cephedeydi. Hakkı'nın babası gibi gazi olup dönenler de vardı. Ben de babamın geri dönmesini isterdim, varsın gazi olsun.

Çok merak ediyordum. Babam benim doğduğumu biliyor muydu acaba? Benden haberi var mıydı? Keşke bir koşu okula gidip geldiğimiz gibi, bir koşu cepheye gidip gelebilseydik. O zaman belki babamın benden haberi olurdu. O gün aklıma bunu Hakkı'nın babasına sormak geldi. Annem savaşa birlikte gittiklerini söylemişti. Belki cephede de beraberlerdi. Kimbilir belki babam ona benden bahsetmiştir.

Akşam şerbet güğümünü eve bıraktığım gibi Hakkı'nın babasının yanına gittim. Bahçede bir köşeye oturmuş yere bakıyordu. Epey zaman onu izledim. Hiç kımıldamadı. Bir başınaydı. Hakkı'ya babasının yanına neden gitmediğini sordum. "Kızar diye korkuyorum," dedi. Ben yine de gittim. Kızarsa kaçardım. Nasıl olsa yakalayamaz, diye düşündüm. Sonra böyle düşündüğüm için kendime kızdım. Annem böyle düşündüğümü bilse oturup ağlardı. Adamın yanına

yaklaştım. Hâlâ yere bakıyordu. Biraz daha yaklaşınca beni fark etti. Kafasını kaldırdı.

Ona cephede babamı görüp görmediğini sordum. Gözlerini bana dikti, çok uzun baktı. Ha kızdı ha kızacak diye bekledim. Ama kızmadı. Gözlerini yere indirip "Cephede göz gözü görmez," dedi.

Yüzü çatlamış toprak gibiydi...

- 3 -

Satıcılığa çıktığım ilk gün evde yiyecek ekmeğimiz kalmamıştı. Annem boynuma tahta bir kutu bağladı. İçine birkaç kutu kibrit koydu. Bu kibritler babamınmış. Babam nereden bulmuş bilmiyorum ama annem değil oynamak onlara dokunmama bile izin vermezdi. Arada hepsini bohçanın içinden çıkartır, tek tek izlerdi. Ama işte o gün kibrit kutularını bana uzatıp "Git bunları sat," dedi. Nereye gideceğimi, kime, nasıl satacağımı bilmiyordum. Annem ağlıyordu. Dokunmaya kıyamadığımız kibritleri elden çıkartacak kadar parasızdık.

Boynumdaki kutuyla dikildim durdum çarşıda. Biri gelip "Kaça bunlar?" diye sordu. Bilmiyordum ki... Onu söylememişti annem. Omuzlarımı silktim. Adam yürüyüp gitti.

Başka bir adam gelip kibritleri eline aldı, evirdi

çevirdi. Alıp gidiverecek, para da vermeyecek sandım. Biraz daha baktıktan sonra o da gitti.

Akşama doğru başka bir adam kibritlerin hepsini aldı, kutuya para bıraktı. Bu kadar kolay olacağını hiç düşünmemiştim. Hiçbir şey sormamıştı, hiçbir şey de dememiştim. Sevinçle eve koştum. O akşam annem ekmek pişirdi. Sonraki günlerde ne satmamı isterse onu satmaya koyuldum. Sonunda da şerbet satmaya başladım. Her zaman para vermiyorlardı. Çoğu zaman pazarlarda bir avuç nohut, bir avuç fasulye, birkaç yumurta ile şerbet takas ediyordum. Bize bunlar da lazımdı.

O kış evimize annemin bir akrabası geldi. Bize bir çuval un bıraktı. Annem yine ağladı. Ben çok sevinmiştim, yiyecek ekmeğimiz vardı artık. Annemin ağlamasına, benim de şerbet satmama gerek kalmaz artık, diye düşündüm. Ama annem o undan sıcak çörekler pişirdi. "Git bunları sat," dedi. Çöreklerden kazandığımız parayla yine un aldık. O kış şerbetin yanında çörek de satmaya başladım.

O günlerde herkes Mustafa Kemal Paşa'nın Ankara'ya geleceğini konuşuyordu. Mektepteki hocamız da anlatmıştı, biz de karşılamaya gidecektik. Gideceğimiz yer acaba çok kalabalık olur muydu? Kalabalık, çok insan demekti, çok insan da çok müşteri. Kafamda bir yandan hesap yapıyordum.

Hocama "Ben çörek de götürüversem olmaz mı?" diye sordum. Olur demedi ama olmaz da demedi. Başını sallamakla yetindi. Anneme o gün daha çok çörek yaptırdım.

O gün at arabasıyla hayli yol gittik. Yol boyunca yanımızdan atlılar geçti. Herkes nasıl da koşarak gidiyordu. Sokaklar insan doluydu. Keşke Mustafa Kemal Paşa daha önce gelseymiş, diye geçirdim içimden. Ben sanıyordum ki vardığımız yerde Paşa bizi bekliyor. Hepimizle tek tek görüşecek. Ben de belki ona çöreklerimden birini verirdim. O da belki bana yaşımı falan sorardı... İşte orada ben de ona bir soru soracaktım. Çok merak ediyordum bunu. Bilse bilse o bilirdi. Koskoca paşa olmuş, hiç bilmez mi?

Dikmen'e vardığımızda kalabalığı gördüm. Binlerce insan toplanmıştı. Seğmenler en önde duruyorlardı. Herkes bağırıyordu. Çörekleri, suyu unutmuştum bile. Ben de herkes gibi seviniyordum. Yine de getirdiklerimi hızlıca sattım. Paramı gömleğimin içindeki cüzdana sıkıca yerleştirdim. Artık ben de diğerleri gibi bağırabilirdim.

"Yaşaaaa! Varollll! Yaşaaaaa!"

İLBER ORTAYLI'dan mesaj var.

"27 Aralık 1919 günü Mustafa Kemal Paşa Ankara'ya geldiğinde çok varlıklı olmasa da belirli bir servet birikimine sahip, muhafazakâr görünümlü ancak dünya ile teması bulunan ve gayet örgütlü bir şehir ile karşılaşmıştı. Asıl önemlisi, stratejik önemi haiz demir yolu Ankara'ya kadar uzanmıştı. Ankara halkının Mustafa Kemal Paşa'ya ve teşebbüslerine desteği de açıktı. Bu yüzden Ankara, Millî Mücadele'nin merkezi haline geldi. Büyük Millet Meclisi'nin kuruluşuyla da İstanbul hareketi Ankara'ya ve dolayısıyla Anadolu'ya entegre oldu. Ayrıca İstanbul'daki meclisin Ankara'ya taşınması bir meşruiyet esası olarak kullanıldı. İstanbul'daki hükümet artık işlevlerini yerine getirememesi sebebiyle millet adına bütün karar organlarının Ankara'da toplandığı vurgulandı. Ankara'nın Millî Mücadele'nin kazanılmasındaki rolü ise hiçbir zaman unutulmadı."

- 4 -

Mustafa Kemal Paşa'yı o gün ancak uzaktan gördüm. Soracağım soruyu da soramadım. Olsun varsın. Nasıl olsa artık Ankara'daydı, yine görür, yine sorardım. Paşa'nın Ziraat Mektebi'ne yerleşeceğini, orasının karargâh olacağını duymuştum. İstanbul'dan, başka başka yerlerden insanlar da gelecekmiş. Birlik olup düşmanı yurttan atmanın yollarını arayacaklarmış. Şu Ziraat Mektebi'nin yerini öğrenebilirsem hep oraya gidecektim. Orası kalabalık olurdu; şerbet içen de olur, çörek yiyen de. Hem Mustafa Kemal Paşa'yı da görürdüm, soracağımı soruverirdim.

Paşa geldiğinden beri insanlar sokaklarda toplanıp olanları konuşuyordu. Kalabalık görünce hemen yanlarına gidiyordum. Çengel Han'ın olduğu yer en kalabalık yerdi, herkes orada toplanıyordu.

"Ver ordan bir şerbet daha," dedi, az önce şerbet sattığım adam.

Arka arkaya iki bardak şerbet içmişti. Tek seferde iki bardak şerbet içecek kadar zengindi demek. Her gün bu adamın dükkânının yanına gelmeye başladım. Her seferinde iki bardak içmiyordu belki ama bir bardağı kesin mideye indiriyordu.

Bir gün adam yanındakilere "Biz de gidip uzaktan bakalım, ne olacak ki? Kovacak hali yok koca paşanın bizi," dedi.

Hep birlikte at arabasına doluştular. Nasıl yaptım bilmem, ben de arabanın kuyruğuna oturuverdim. Adam kızarsa hemen inecektim. Kızmadı. Hem kızmadı hem de "Ver oradan bir şerbet," dedi. At arabasıyla giderken nasıl şerbet doldurayım?

"İnince içersin dayı," dedim. At arabasının kuyruğundan düşmemek için sıkıca tutundum. Bir elimle de güğümümü kavramıştım, düşürürsem hâlim perişandı.

O gün Mustafa Kemal Paşa'yı göremedik. Ama binaya karşıdan baktık. Buraya karargâh diyorlardı. İçeriye birkaç araba girdi. Onları izledik, bizim arabadaki adamların bazıları şerbet içti. Orada biraz durduktan sonra geri döndük. Eve yakın olsa her gün buraya gelir, Mustafa Kemal Paşa'yı beklerdim. Elbet bir gün görürdüm, görünce de soracağım soruyu soruverirdim. Ama teee nerdeydi karargâh. Keşke bizim eve yakın bir yer olsaydı, diye geçirdim içimden. Keşke Paşa'ya yakıncacık olsak...

\- 5 -

Annem bana hep dua ettirir. Sonra da der ki: "Amin de, yetimin duası kabul olur." Babası olmayana yetim

diyorlar. O yüzden annem benim dualarımın kabul olacağına inanıyor. Ben buna çok inanmıyorum. Çünkü hep savaş bitsin diye dua ediyorum. Bitmiyor. Annem beni mektebe göndermesin, diye dua ediyorum. O da olmuyor. Ama artık ben de yetim dualarının kabul olduğuna inanıyorum. Hani keşke Paşa'ya yakıncacık olsak demiştim ya, işte bu duam gerçek oldu!

Bizim evin oradan kendini aşağıya salıverince Taşhan Meydanı'na çıkarsın. Burası hep kalabalık olur. O gün meydana indiğimizde Taşhan'ın karşısındaki inşaatta işçilerin çalıştığını gördük. Burada yarım bir bina vardı. İşçiler binayı tamamlıyorlardı. Hakkı'yla beraber yanlarına gittik. Ne olduğunu öğrenelim ki gidip bizim mahallede anlatalım.

İşçilerden biri, "Kemal Paşa buraya gelecek, burada kalacak," dedi.

"Nasıl, burada mı uyuyacak?" diye sordum.

"Paşa'nın uyumaya vakti mi var be çocuk, meclis binası olacakmış burası. Hadi oyalama bizi."

O kadar sevindim ki güğümümdeki bütün şerbeti işçilere dolduruverdim.

BÜYÜK MİLLET MECLİSİ AÇILIYOR

1920

Hadi be ağalar!

- 1 -

Mustafa Kemal Paşa yakınıma gelecek diye her gün meydana indim. Her gün gittim işçilerin yanına. Bir an önce bitirsinler, bir an önce gelsin Paşa, bir an önce görsün beni de sorumu soruvereyim...

"Hadi be ağalar, hızlı hızlı çalışın da bitiriverin!" dedim durdum.

Yanlarına o kadar çok gittim geldim ki benimle muhabbet etmeye alıştılar. Kendime bir çörek tezgâhı istiyordum. Bir yerden tahta buldum geldim de bu abiler tezgâhımın ayaklarını çakıverdiler. Arada çörek aldılar, şerbet içtiler. İçlerinden biri beni her gördüğünde "Geldi bizim ustabaşı!" deyip güldü.

Bana ustabaşı dediler ya, ben de sahiden ustabaşıymışım gibi inşaatı gezdim. İçerideki odaları falan tek tek dolaştım.

Burası eskiden de çok kalabalık olurdu, hele bir Kemal Paşa gelsin o zaman iğne atsan yere düşmeyecekti. Ben de o zaman çöreklerimi heybeyle değil bu tezgâhla satmaya başlayacaktım.

İnşaatın bittiği gün içeriye okullardan sıra taşıdıklarını gördüm. Koskoca Paşa ne yapacaktı okul sırasını? Mektebe yeniden başlayacak hâli yoktu ya! Ustalardan birinin kolunu tuttum.

"Hani," dedim, "Kemal Paşa gelecekti, siz burayı okul diye mi yaptınız? Kandırıverdiniz mi siz beni? Bıktım okuldan, burası da mı okul olacak?"

Güldü adam.

"Yok aslanım, kandırmadık. Bu sıralar Paşa'yla arkadaşları otursun diyeymiş. Valla ben de anlamadım ama başka eşya alacak para yok herhal. Okullardan sıra toplayın dediler. Çatıyı kapattık ya dün, kiremitleri de milletin evinin çatısından söküp getirmişler. Aha şimdi de gaz lambası toplamaya gidiyoruz, hayrolsun sonumuz," dedi usta.

Bizim evin çatısında sağlam kiremit olsa ben de getiriverirdim ama yoktu ki.

Arkada birileri "Büyük Millet Meclisi açılıyor, vatanımızın kurtuluşu yakın!" diye bağırıyordu.

- 2 -

Ertesi gece gözüme uyku girmedi. Annem "Yat uyu hadi, kıpırdanıp durma," dese de uyuyamadım. İmamın öksürüğünü duyar duymaz da yataktan fırladım. Nisan ayının yirmi üçüncü günüydü, günlerden cumaydı. Tüm gün kapının önünde bekledim. Mustafa Kemal Paşa'yla yanındaki tüm arkadaşları cuma namazı için bizim oradaki camiye geldiler. Mahallemiz çökecek, evlerimiz kalabalıktan yıkılıverecek sandım. Sokağımız, mahallemiz insan kaynıyordu. Annem gözyaşlarına boğulmuş, kapı aralığından sokağı izliyordu. Sonra kafamı kaldırdım, bir baktım ki yalnız annem değil, herkes ağlıyordu...

İLBER ORTAYLI'dan mesaj var:

"Türkiye Büyük Millet Meclisi'nin açılışı için cuma gününün özellikle seçildiğini belirtebiliriz. Saltanat ve Hilafeti kurtarmak ve vatanı düşmandan temizlemek amacıyla tarihi, milli ve dini bir havaya da itina gösterilmiştir. Cuma namazını takiben dualar eşliğinde Hacı Bayram Camii'nden bugünkü meclis müzesine gelindi. Burası İttihat ve Terakki Kulübü'ydü; Meclis olarak hazırlanmıştı, sıralar bile civardaki okullardan getirilmişti. Mütevazı bir binada yeni Türkiye Devleti adı ve sanıyla aslında kurulmuştu."

Kalabalık, namazdan ve duadan sonra yürüyerek meydana indi. Meclis binasına geçtiler. Ben de tezgâhımı kaptığım gibi peşlerinden gittim. Annem ilk kez elâlem ne der demeden benimle meydana indi. Yaşlı nineler, bebekli kadınlar bile oradaydı. Bütün Ankara, meydandaydı.

Mustafa Kemal Paşa'yla arkadaşları balkona çıktılar. Ustaların hızlıca bitirdikleri binaya Türkiye Büyük Millet Meclisi dediler.

Herkes "Vatanımız kurtulacak!" "Kurtuluş yakın!" "Yaşayın, varolun!" diye bağırıyordu. Ben de bağırıverdim.

"Yaşayın, varolun!"

İLBER ORTAYLI'dan mesaj var:

"23 Nisan 1920'de açılan ve 8 Şubat 1921'de başına Türkiye ifadesi eklenecek olan Büyük Millet Meclisi'nin (BMM) bazı çarpıcı özellikleri vardır; o güne dek yabancı dillerde ve coğrafi olarak vatanımız Türkiye diye anılsa da devlet için Türk İmparatorluğu ifadesi kullanılıyordu. Ancak artık devletimizin ismi de ilk defa Türkiye olarak zikredilmiştir ki bu çok önemlidir. BMM'nin kuruluşu, 1400 yıl sonra devlet hayatında ilk defa Türk isminin kullanılması anlamına da gelir."

Annem diğer kadınlarla birlikte mecliste olanları izledi. Herkes Mustafa Kemal Paşa'ya ve arkadaşlarına bakıyordu. Bir tek ben hep anneme baktım. Gözümü annemden ayırmadan uzun uzun baktım. Onu ilk kez o gün gülerken gördüm. Eve hiç gitmeyelim, hep orada kalalım istedim.

O gün yatsıya kadar herkes sokaklardaydı. Kimse evine girmedi, mahallede kapı önünde oturduk. Yemek yemeyi bile unuttuk. Tezgâhımda bir tanecik bile çörek kalmamıştı, hepsini satmıştım. Sabahleyin ekmek yemiştim bir tek, ağzıma başka da bir lokma girmemişti. Ama yine de toktum. Yatsı ezanıyla herkes evlerine girdi. Annem "Sana tarhana pişireyim mi, hem de sütlü," dedi. Sütlü tarhana bu hayatta en çok sevdiğim şeydi. Kafamı salladım. Tarhanaya ekmek doğrayıp yedik. Çok güzel olmuştu çorba, öyle bir yedim ki az daha sofrada uyuyacaktım. Yemekten sonra yatağa kıvrılıverdim.

Rüyamda babamın geldiğini gördüm. Sadece babamın değil, tüm askerlerin. Dün "Vatanımız kurtulacak, kurtuluş yakın!" diye bağırıyorduk ya, kurtuluş gelmişti işte. Askerler koşa koşa evlerine geliyorlardı. Bizim sofra yerdeydi daha, babam da gelir gelmez oturuveriyordu. Annem "Amma yedin be oğlum, babana da bırak tarhanadan," diye gülerek şaka ediyordu bana. Babam yesin diye tarhana çanağını onun önüne sürüyordum. O benim önüme itiyordu, ben onun önüne sürüyordum çanağı. Gülüşüyorduk.

Uyandığımda hemen akşam yemek yediğimiz yere baktım. Annem kaldırmamıştı sofrayı yerden. Çorba tası, kaşıklarımız öylece duruyordu. İki kaşık duruyordu sofranın içinde. Belki üçüncü kaşık, babamın kaşığı da oradadır diye kalkıp baktım. Sofra bezinin altına bile baktım. Yoktu...

- 3 -

En az tarhana kadar sevdiğim bir şey daha varsa o da trendir. Hep şaşarım o kocaman demir yığını nasıl yürür diye. Bazen annemden izin alır tren beklemeye giderim. Bizim evden teee aşağıda, dekovil hattı dedikleri bir yer var. Oraya gider, oturup beklerim. Ne zaman geleceği belli olmaz, bazen gelmez bile. Ama gelince de böyle takur tukur öyle bir ses çıkartır ki dinlemeye, izlemeye doyamazsın. Mektepteki hocamız dedi, bu trenlerin daha hızlı gidenleri varmış. Bizim trenlerimiz yavaşmış. İnanmadım. "Hızlı ya işte," dedim. "Daha ne kadar hızlı olsun?"

"Ben bir kere bindim," dedi hocamız. "Tren giderken yolda bir çeşme gördüm. Trenden atladım, indim. Abdest aldım, elimi yüzümü yıkadım, sonra trenin peşinden koşup yetiştim, tekrar bindim. O kadar yavaş işte bizim trenlerimiz," dedi. Hepimiz buna güldük. Ama hocamız "Gülmeyin, bu trenler askerlerimize silah taşıyor, daha hızlı olmaları lazım. Düşmanın treni bile hızlı, hem silahları, mermileri çok hem askerleri tok hem de trenleri hızlı," dedi. Sonra hepimiz sustuk. Keşke bizim trenlerimiz de mermi dolu olsa, sıcak sıcak ekmek dolu olsa, hızlı hızlı gidip gelse cepheye. Askerlerimiz karınlarını doyurup doyurup yüklenseler mermileri. Trenler hızlı olsaydı belki babam bile arada trene binip bir koşu beni görmeye gelir, sonra geri dönerdi. Belki de trenler yavaş diye gelememiştir beni görmeye. Gelemeden şehit olmuştur.

O gün annemden izin alıp tren beklemeye gittim. Beklerken de bunları düşündüm. Sonunda tren geldi. İçinden yolcular indi. İki yolcu şerbet içti, başka kimse de almadı. İçmeyiversinler. Zaten ben satış yapmaya değil tren seyretmeye geldim. Kendime de bir bardak şerbet doldurdum. Bir yandan içip bir yandan da treni seyrettim. O sırada yanıma bir çocuk geldi, benden az büyük gibiydi. Ne güzel giyinmişti.

"Çok güzel değil mi?" diye sordu.

"Güzel elbet," dedim anam yaptı. "Reyhan şerbeti."

"Onu demedim, treni söyledim."

"Haaa, tren de güzel tabii, güzel olmaz mı?"

"İçi de güzel."

"Sahi mi? İçinde miydin? İçinden mi indin? Ben hiç binmedim, içi de mi güzel?" diye arka arkaya söyledim, heyecanlanmıştım birden.

"Öyle."

"Hocamız dedi ki, çok yavaşmış tren. Yok içindeyken atlayıvermiş de abdest almış, geri binmişmiş, yok bundan daha hızlıları varmış."

"Doğru demiş, bazen sahiden o kadar yavaş oluyor. Ben birkaç kere bindim. Bugün iyi geldi, arızalanmadan geldik şükür. Yolda bozulsaydı o zaman fenaydı hâlimiz. Günlerdir yoldayız biz. Biraz yayan gittik, biraz faytona bindik, biraz at sürdük, hele sonunda trene bindik. Tren gene de en hızlısı."

"Niye geldin ki sen Ankara'ya, bunca yol tepmişsin?"

Hâline üzüldüm, bu saydıklarına bakılırsa çok yorgun olmalıydı. Hemen bir bardak şerbet doldurdum, bir de çörek çıkarttım heybemden. Başta almak istemedi ama sonra kabul etti.

"Mustafa Kemal Paşa babamı çağırdı, onun için geldik," dedi.

"Bizim Mustafa Kemal Paşa mı?" diye sordum, şaşırmıştım. Başını salladı çocuk.

"Kim ki senin baban?" diye sordum. Merak etmiştim.

"Mehmet Akif," dedi, "şairdir."

Babasını gösterdi eliyle. Bizden az ileride iki adamla konuşuyordu. Sonra oğlan, içtiği şerbet bardağını uzattı bana. Teşekkür etti.

"Benim babam da," dedim bardağı alırken, "şehittir."

Çocuk bana sarıldı. Neden sarıldığını anlamadım. Ama iyi hissettim. Adı Emin'miş. Emin'i babası çağırdı. Yanlarında bir adam daha vardı. Bir yaylı arabaya bindiler. Mustafa Kemal Paşa çağırdıysa meclise gidiyorlardır. Bu kadar yolu yayan dönmeyeyim dedim. Arkalarından seslendim.

"Emiiiin, beni de arabaya alıverin!"

İLBER ORTAYLI'dan mesaj var.

"Mustafa Kemal, düşünürlere, edebiyatçılara, yazarlara çok önem verir ve onların hep yanında, yakınında olmalarını önemserdi. Meclisin açılışının hemen ardından "Burada ulemaya ihtiyaç vardır," diyerek İstiklal Marşımızın şairi Mehmet Akif Ersoy'u da Ankara'ya davet etmişti."

Bedia Ebe
Gazeteci Yusuf
Boyacı Kamber
Zülküf Hoca
Kamil Dayı

Celalettin Arif Bey
İsmet Paşa
Bekir Sami Bey
Halide Edip Adıvar
Fevzi Paşa

- 4 -

Eskiden ben sadece bizim mahalledekilerin adını bilirdim. Zülküf Hoca, Kamil Dayı, Bedia Ebe, Hakkı, İsmail, Nurettin, Sait hepsi bu kadardı. Sonra çalışmaya başladım. Hammal Hamza, Boyacı Kamber, Gazeteci Yusuf, Sucu Ali Rıza hep arkadaşım oldu. Dükkânlara, hanlara gide gele ne kadar demirci ustası, nalbant, keçeci, berber, hallaç, terzi, ekmekçi varsa hepsini tanıdım. Bir sürü tanıdığım oldu. Kimi sorsalar bulurum, kime sorsalar beni tanır. Çok konuşuyorum ya ben, ondan biliyorlar beni. Ne zaman yanlarına gitsem "Haaah gene geldi bizimki," diyorlar.

Mustafa Kemal gelip de Meclis açıldığından beri başka başka isimler de öğrendim. İsmet Paşa, Fevzi Paşa, Celalettin Arif Bey, Bekir Sami Bey, oooo daha kimler kimler. Bunlar hep meclisteler. Ben hiçbirini tanımıyorum tabii. Ama etraftakiler konuşuyorlar. Ben hep meclisin önüne açıyordum artık tezgâhımı. Gelen geçen, benden şerbet alıp da içen, çöreklerimden yiyen herkes bu isimleri konuşuyordu. Can kulağıyla dinliyordum ben de.

Öğrendiklerimi vakit kaybetmeden mahalledekilere anlatıyordum. Annem benim için "Ayaklı gazete maşallah," deyip deyip gülüyordu. O öyle desin de gülsün diye daha çok haber götürüyordum eve. Ama hep gülmüyordu annem. İyi haberler götürmüyordum ki, nasıl gülsün?

Bir haber alıyorduk, Alaşehir işgal edilmiş. Bir haber, Balıkesir'i Yunanlılar işgal etmiş. Yunanlılar Bandırma'yı almış. İngilizler Mudanya'yı bombalamış. Yunanlılar Bursa'da. Ne Balıkesir'in nerede olduğunu biliyordum ne Bursa'nın. Ama işgal edilen topraklarımızın adını duydukça sanki birisi bedenimden bir tutam et koparıyormuş gibi hissediyordum. Bazen iyi haberler de duyuyordum Meclis'in karşısındaki tezgâhımda. İşte o iyi haberleri aldığımda akşam mahalleye koşa koşa giriyordum.

"Anaaaaa, Doğu Cephesi birlikleri Kars'ı geri almıııış!"

"Anaaaa Iğdır'ı geri almışıııız!"

"Anaaa isyan bastırılmış!"

Ne Iğdır'ın ne Kars'ın nerede olduğunu biliyordum. Ama geri aldığımızı duyduğumda buralar hep benim evimmiş gibi seviniyordum.

İLBER ORTAYLI'dan mesaj var.

"Kurtuluş Savaşı'nda Doğu Cephesi'nde Ermenilerle, Güney Cephesi'nde Fransızlar ve Ermeni çeteleriyle, Batı Cephesi'nde ise Yunanlılarla savaşılmıştır."

BEN EZELDEN BERİDİR HÜR YAŞADIM, HÜR YAŞARIM

1921

2023

ÜÇÜNCÜ BÖLÜM

BEN EZELDEN BERİDİR HÜR YAŞADIM, HÜR YAŞARIM

1921

- 1 -

O kış hava çok soğuktu. Dışarıda kar yağıyordu. Yine de çörek satmaya gidiyordum. Alışmıştım artık, sadece paraya ihtiyacımız olduğu için değil, Mustafa Kemal Paşa'ya yakın olmak için gidiyordum her gün Meclis'in önüne. Birkaç kez binaya girip çıkarken gördüm onu. Henüz gidip yanına yaklaşamamıştım ama o da olacaktı, biliyordum. Yanına gidecek, ona bir çörek verecektim. O çöreğini yerken ben de sorumu soruverecektim. Ama şimdi çok işi vardı Paşa'nın. Kimse yürüyerek girmiyordu Meclis binasına. Herkes sanki koşarak geliyor, koşarak gidiyordu. Öyle hızlı yürüyordu insanlar. Kurtuluş da böyle çabucak geliversin, diye dua ediyordum. Ama öyle olmadı. Günler çok uzun, çok yavaş ve çok soğuk geçti. Eskiden döndüğümde annem hep evde olurdu. Ocağımız gürül gürül yanmasa da odamız hep sıcak olurdu. Ellerimi

ısıtırdım, annem ayaklarımın altına sıcak kiremit koyardı. Hemencecik ısınırdım. Ama artık eve geldiğimde annemi orada bulamıyordum. Caminin arkasındaki evlerden birinde kadınlar hep birlikte toplanıp büyük dokuma tezgâhında bez dokuyorlardı. Bu bezlerden askerlerimize çadır dikeceklermiş. Bazen sabaha kadar dokudukları oluyordu. O zaman ben de annemle gidiyordum. Onların konuşmalarını dinlerken uyuyakalıyordum.

Düşman askerinin bir sürü silahı varmış, bizimkilerin azıcık. Silah fabrikalarımızın olduğu yerleri düşman işgal etmeye başlayınca iyice azalacakmış mermilerimiz. Ankara'da silahları tamir edip yenilerini yapmak için bir yer kurulacakmış. Silah tamirhanesini acilen Ankara'ya taşıyacaklarmış.

Demiryolunun orada olacakmış. Bunları Meclis'in önünde konuşan iki adamdan duydum. Yolda yürürken konuşuyorlardı, arkalarından hızlı hızlı yürüyüp dinledim.

İLBER ORTAYLI'dan mesaj var:

"Ankara bir vilayetin merkeziydi ama bu demek değil ki orada savaş sanayisine yönelik herhangi bir imalat tesisi vardı. Ankara'ya demiryolu gelmişti ama bu tek hatlı bir demiryoluydu ve bunun doğu ve kuzeyle bağlantısı yoktu.
Karadeniz'den yapılacak silah ve asker sevkiyatı için İnebolu İskelesi kullanılıyordu ama orası ile Ankara'nın teması kağnıdan ibaretti. Ancak bugün Lalahan İstasyonu'na ulaşıldığı vakit kuzeyden Ankara'ya bir dekovil hattı kullanılabiliyordu.
Şehirde her şeyden önce, sonraları (1950) Makine ve Kimya endüstrisini oluşturacak ilk İmalat-ı Harbiye tesisi kuruldu. Terhis edilmiş askerlerden, emekliye ayrılmış ustalardan müteşekkil bir kadro harekete geçirildi. İhtiyaç duyulanlar İstanbul'dan ve başka vilayetlerden celbedildi.
Burada hammadde sıkıntısı vardı. Bunu karşılamak için civardan yarı gizli yarı açık birtakım gruplar teşkil edildi. Her türlü silah, İstanbul'dan kaçırılan silahlar bile bazen burada tamir edilmek durumundaydı. Nakliye işlerine tabii kadınlar da katılmıştı. Şurası açıktır bir imparatorluğun kalıntısı olan yeni Türkiye eski imkânları çok iyi kullanmış ve gereken direnişi millî mevcudiyeti ile göstermiştir. Savaş tezgâhta başlamıştı."

“Kadınlarımıza da iş düşecek, onlar da çalışırlar,” dedi adam.

“Benim anam da çalışır abi,” deyiverdim arkalarından. Dönüp baktılar. Ama kızmadılar.

“Çalışır elbet,” dedi adam, bir de çörek aldı.

Annem de orada çalışsa ne güzel olur, diye geçirdim içimden. Demiryolunun oradaymış, hem annemin yanında dururum hem treni beklerim...

- 2 -

Emin'le sonradan birkaç kez karşılaştık. Tacettin Dergâhı'nda kalıyorlardı, ben de bazen satış yapmak için o tarafa iniyordum. Bir keresinde uzun uzun konuştuk. Babasını çok merak ediyordum. Aslında ben herkesin babasını merak ediyordum. Hiçbir arkadaşımın babası yoktu. Hakkı'nın babası vardı bir tek işte.

Babası geldikten birkaç ay sonra Hakkılar köylerine göçtüler. Hakkı'nın abisi, babasını kucağına alıp da at arabasına oturttu. Bunu pencereden izledik. Annem “Ah ne zor yarabbim,” diye iç geçirdi. Bir yere gidebilmesi için çocukları onu kucaklarına alıp da götürüyordu. Belki bu yüzden gidiyorlardı buradan, kimbilir. Anneme o gün “Keşke benim babam da gelse, ben de onu böyle taşısam,” diyecektim, demedim. Kapının önüne çıkıp onları uğurladık. Yanlarına sıcak çörek pişirip verdi annem. Sarılıp ağlaştık. Arkalarından bir tas su döktük. Hakkı'yı bir daha görmedim.

Mahallede gördüğümüz tek baba da işte o gün at arabasının arkasında gitti. Başka da baba yoktu zaten. Ama çok dede vardı. Ohooo hem de ne çok. Yaşlılar askere gitmedikleri için bir tek onlar kalmıştı mahallede. Bu yüzden babaları çok merak ediyordum. Emin'in babası yanındaydı işte.

Bir gün yine Emin'le karşılaştık.

"Baban burada n'apıyor Emin?" diye soruverdim. Sanki babasını tanıyormuşum, onun babasıysa benim de amcammış gibi çıkmıştı ağzımdan soru. Utandım. Ama o hiç garipsemedi.

"Şiir yazıyor," dedi.

"Şiir mi yazıyor?" diye bağırdım.

Herkes savaştayken şiirin, kitabın sırası mıydı şimdi, diye düşündüm. Mustafa Kemal Paşa duysa kimbilir nasıl kızar, diye geçirdim içimden. "Ben sizi bunun için mi çağırdım?" derdi kesin.

"Mustafa Kemal Paşa istedi ya, İstiklal Marşı yarışması var, duymadın mı?" dedi Emin.

Mustafa Kemal Paşa mı istemiş? Şiir yarışması mıymış? Savaşın ortasında? Şaşırmıştım. Her şeyi duyardım ben ama bak bunu kaçırmıştım. Bizim mahallede okuma yazma bilen insan yok. Şiir yazamazlar, belki ondan duymadım, dikkatimi çekmedi diye düşündüm. Ama şimdi çok merak etmiştim. Mustafa Kemal Paşa ne yapacakmış ki şiiri?

"Duymadım, ne yapacaklarmış şiiri?"

"Ben de çok düşündüm. Ama hani analarımız bizi uyuturken ninni söylüyor ya. Seninki de söylemiştir kesin. Bizi uyuturken şarkı, türkü söylüyorlar ama uyandırırken bir şey demiyorlar. Bence bu uyandırma şarkısı gibi bir şey. Hani herkes uyansın, herkes birlik olsun, birbirine sarılsın, kocaman bir ordu olsun diye."

Emin haklıydı belki de. Birlik olmak için işaret bekliyorduk aslında. Mesela Meclis'in açıldığı gün nasıl herkes birlik oluvermişti. Zülküf Hoca'yla Kamil Dayı bile çocuk gibi sarılmışlardı birbirlerine.

"Nasıl yazıyor?" diye sordum bu kez. "Azıcık anlatıversen ya bana."

Güldü Emin. Gülerse gülsün. Bizim evde kimse şiir yazmıyor. O anlatmazsa ben nereden bileceğim?

Ben ezelden beridir
hür yaşadım, hür yaşarım

"Odasına kapanıp saatlerce çalışıyor. Dün gece uykusundan uyanmış, aklına bir şeyler gelmiş. El yordamıyla kalemini arayıp bulmuş ama bu sefer de kâğıt bulamamış. Yatağından doğrulup duvara yazmış şiiri. Sabah uyandım, duvarda *Ben ezelden beridir hür yaşadım, hür yaşarım*, yazıyordu."

"İnşallah baban kazanıverir be Emin," dedim.

"İnşallah ordumuz kazanır," dedi Emin.

O gün akşama kadar "Ben ezelden beridir hür yaşadım, hür yaşarım!" diye diye gezdim.

İLBER ORTAYLI'dan mesaj var:

"Türkiye Büyük Millet Meclisi 12 Mart 1921 tarihli oturumunda, Mehmet Akif'in İstiklal Marşı'nı Milli Şiir olarak kabul etti. İstiklal Marşı dünyadaki milli marşların ekserisinin aksine, sade bir üsluptan ve slogan halindeki deyişlerden çok dantel üsluplu bir felsefeyi aksettirir."

- 3 -

Kış çok zor geçti. Yağan kar bir türlü kalkmak bilmedi. Evlerimizde ısınmaya çalışırken cephedeki askerlerimiz için dua ettik. Neyse ki bahar güzel haberlerle geldi.

Emin'in babası yarışmayı kazandı. Artık bir milli marşımız vardı. Emin, babası Şair Mehmet Akif'in, meclisin ödül olarak verdiği parayı çocuklar için bağışladığını söyledi. Benim babam da kazansaydı, kesin böyle yapardı, diye düşündüm. Emin kadar sevindim.

Nisan ayında cepheden güzel haber geldi: İnönü'de askerlerimiz Yunan kuvvetlerini yenmişler. Düşman geri çekilmiş. Ankara sokaklarında bir hafta boyunca hep bu konuşuldu. Bütün gün sokakta "Ne demiş ne demiş, bir daha söyleyiver ne demiş?" diye gezdim. Herkese iyice tekrar ettiriyordum ki ezberleyeyim.

İLBER ORTAYLI'dan mesaj var.

"Mehmet Akif, edebiyatı ve Fars dilini çok iyi bilen bir şairdi. Birinci Dünya Savaşı'ndan beri cephelerle ilişkisi vardı. Mustafa Kemal Paşa kendisini hassaten davet etmişti ve Millet Meclisi'nin ilk döneminden beri o hayatın içindeydi. Mehmet Akif mütevazı bir hayat sürmüştü. Nazım Hikmet'in de söylediği gibi Akif büyük şair, inanmış bir adamdı. Yazdığı şiir, milli marş olsun diye yazılmamıştı. Fakat onu müsabakanın dışında içeri alanlar Hamdullah Suphi Tanrıöver gibi meclis üyeleriydi. Bu nedenle kazandığı mükâfatı da kendisinin yarışmayla ilgisi olmadığını söyleyerek kabul etmemiş ve Hilal-i Ahmer bünyesinde, kadın ve çocuklara iş öğreten ve cepheye elbise diken Dar'ül Mesai Vakfı'na bağışlamıştı."

İsmet Paşa, Mustafa Kemal Paşa'ya telgraf çekmiş. Demiş ki: "Düşman, binlerce ölüsüyle doldurduğu savaş meydanını silahlarımıza bırakmıştır." Mustafa Kemal Paşa da "Siz orada yalnız düşmanı değil, milletin makus talihini de yendiniz. İstila altındaki topraklarımızla beraber bütün vatan, bugün en ücra köşelerine kadar zaferinizi kutluyor," diye yazmış.

"Ohhh," dedim, "kutlarız tabii!"

Sahiden de kutluyorduk. Bütün camiler ışıklandırıldı, sokakta birbirine sarılan kaç kişi gördüm, saymadım. Zafer sevincimiz daha geçmemişti ki, Türkiye Büyük Millet Meclisi'nin açılışının yıldönü-

mü geldi. Mustafa Kemal, Ankara'ya gelip de Türkiye Büyük Millet Meclisi'ni açalı bir yıl olmuştu bile. O gün Meclis'in önünde toplandık yine. Bu kez çörek satmadım. Sabah koşa koşa mektebe gittim. Okula böyle günlerde gitmeyi seviyordum. İçeri giriyorsun, hoca kutlamaya gidiyoruz diyor, hemen dışarı çıkıyorsun. O gün de tören alanına mektepteki arkadaşlarımızla birlikte gittim. Hep mi çörekçi, şerbetçi diye gidecektim Meclis'in önüne? Bir kere de öğrenci olarak gittim. İyi ki de öyle gitmişim. O günü Mustafa

Kemal Paşa *Milli Bayram* ilan etti. Şerbet getirseydim bayram oldu diye herkese ikram ederdim.

- 4 -

Mektebe gitmeyi hiç istemiyordum. İşim gücüm çörekçilik, şerbetçilikti. Boş kalır kalmaz tren seyretmeye gidiyordum. Ya da çarşıda milletin peşinden koşuyordum. Esnaf anlatsın, ben dinleyeyim. Ama Emin'in babasından ve yazdığı şiirden çok etkilenmiştim. O kadar çok okudum ki ezberledim hepsini. Ben de büyüyünce böyle şiir yazacaktım. Mustafa Kemal'in karşısına öyle çıkmak istiyordum. Böyle çörek tablasıyla, şerbet güğümüyle gitmektense elimde kalemimle, kitabımla giderdim yanına. Hem o okuyanları çok seviyordu biliyordum. Hep anlatıyorlardı, ne kadar şair, yazar varsa onları yanına alıyormuş, uzun uzun konuşuyormuş. Cephede bile kitap okuyormuş. Öğretmenleri de çok seviyormuş. Savaşın ortasında öğretmenleri bir araya getirip onlarla toplantı bile yapmış. Ben evde ne istesem annem "Hele savaş bitsin," diyordu. Ben de yapacağım her şey için "Hele savaş bitsin," diyordum. Ama Mustafa Kemal öyle değildi, yapacakları için hiçbir zaman savaşın bitmesini beklemiyordu.

O günlerde düşman orduları dur durak bilmedi. Arka arkaya haberler geldi. Yunanlılar Samsun'u bombalamış, Afyon'u yeniden işgal etmişler, Bilecik'i esir almış, Eskişehir'e girmişler. Yunan donanması

Sinop'u bombalamış. Bu haberleri duyunca üzülüyor muyduk yoksa öfkeleniyor muyduk, bilmiyorum.

Kurban Bayramı'nın ikinci günü Mustafa Kemal Paşa'nın attan düştüğünü, kaburga kemiğini kırdığını duyduk. Ama o, ertesi gün yeniden cepheye gitmiş. Ben hasta olunca annem beni ne mektebe gönderiyordu ne işe. "Hastasın, yat evde, iyileşmeden çıkılmaz," diyordu. Bundan sonra beklesin dururdum ben de evde! Bak Paşa iyileşmeden gitmişti cepheye...

- 5 -

Mustafa Kemal cephedeyken Meclis'in oraya pek gitmedim. Ben oraya Paşa'yı görmeye gidiyordum. Onun olmadığı zamanlarda demiryolunun oraya gittim, satış yapayım diye. Annemler de arada sırada oradaki silah atölyesine çalışmaya gidiyorlardı. Kadınlar da çalışıyorlardı cepheye silah yetiştirmek için. Annem Meclis açıldığından beri çok değişmişti. Eskiden hep ağlar, evden dışarıya çıkmazdı, savaşın biteceğine hiç ümidi yoktu. "Ben kendimi bildim bileli savaştayız, biteceği yeteceği yok bu savaşın," deyip dururdu. Ama annem, Mustafa Kemal Paşa Ankara'ya gelip de Meclis'i kurunca eskisi kadar ağlamaz olmuştu. Gece gündüz çalışıyordu. "Bitecek inşallah, kurtaracağız vatanı," diyor, evde çarık dikiyor, dokuma tezgâhına çadır bezi dokumaya, silah fabrikasına mermi doldurmaya gidiyor, durmadan çalışıyordu. Halide Edip Hanım diye birinden bahsediyorlardı. Sakarya'ya

İŞGAL
BAŞLADI

cepheye gitmiş, Batı Cephesi Karargâhı'nda asker olmuş. Mustafa Kemal'in yanında savaşacakmış. Annem ve onun yanında ordu için çalışan tüm kadınlar, çağırsalar koşa koşa cepheye gitmeye razıydılar.

Ben de giderdim. Hem de koşa koşa. Ne var? Bize de bir iş düşerdi elbet cephede. Hem belki, savaşırken babamı gören birileri vardır orada. Onlara babamı sorardım, fena mı?

Arada uzaklardan top sesleri duyuyorduk. Savaş Sakarya'daydı ama sesi Ankara'ya kadar geliyordu. Tam yirmi iki gün yirmi iki gece savaşın bitmesini

bekledik. Sonunda hayırlı haberi aldık. Sakarya'da zafer Türk askerinindi!

İLBER ORTAYLI'dan mesaj var.

"Kütahya-Eskişehir yenilgisinden sonra, bütün birlikler yeni ricat düzeniyle Sakarya Nehri'nin doğusuna çekilmişti. Yunan ilerlemesinin burada karşılanması uygun görüldü. Sakarya Meydan Muharebesi'ndeki strateji, daha gevşek olan Yunan güney hattına gizlice yönelmekten ve kuvvetleri süratle yığmaktan geçiyordu.
23 Ağustos ile 13 Eylül arası, yani 22 gün 22 gece süren savaş 900 yıllık Türkiye tarihi açısından en kanlı ve en inatçı direnişti. 100 kilometre genişliğindeki cephede atılan topların sedası yer yer Ankara'dan bile duyuluyordu. Ancak TBMM ordusunun sayıca tek üstünlüğü olan süvari kuvvetlerinin süratli ve ani hareketi çok kısa sürede Yunanların gerilemelerine neden oldu. 11. ve 12. yüzyıllardaki fatihlerin torunları ana yurdu savunmayı da bilmişti. Mühimmat ve teçhizat sıkıntısı içindeki Meclis Hükümeti bu zaferle kendine geldi."

- 6 -

Annem beni elimi yüzümü yıkamadan yatağa sokmaz. Hava ne kadar soğuk olursa olsun her hafta illa banyomu yaptırır. Sabahları saçlarımı tarar, tırnaklarımı temizler, evden öyle gönderir. "Her zaman tertemiz gezeceksin, üstünü başını batırma sakın," der. Bazı satıcı çocuklar öyle temiz değildir.

Ayaklarında ayakkabıları bile yoktur. Üstlerindeki kıyafetler yırtık pırtıktır. Kafalarına kuş konup gagalasa, saçlarının arasından çıkan otlarla karnını doyurur. Gözleri çapaklı satıcı çocuklar bile var. Bunlar annesi olmayan çocuklar. Ben bir çocuğu gördüğümde annesi var mı yok mu hemen anlarım.

İhsan'ın annesinin olmadığını da anlamıştım. Bizim oradaki caminin önünde yere oturmuş dileniyordu. Yanına oturdum.

"Dilenince sana para veriyorlar mı?" diye sordum.

"Azıcık ama veriyorlar."

"Keşke dilenmesen de bir şeyler satsan."

"Ne satsam?"

"Benim anam çörek yapıyor, şerbet yapıyor, ben onları satıyorum."

"Benim anam da yok babam da. Babam savaşa gitti, gelmedi. Annem ben bebekken ölmüş. Bir yaşlı ninem vardı, o da öldü. Bir başıma kaldım. Her zaman ekmek çalamam, zor oluyor. Dilenmek çalmaktan daha iyi."

"Keşke bir şeyler satsan," dedim yine.

"Ne satam ben, kafamdaki bitleri mi?" dedi İhsan.

Kendimi İhsan'ın yerine koydum. Ekmek çaldığını omuzlarını silkerek söylemişti. Aç olsam da dilenemezdim ben. Çok paramız yoktu ama hiç aç kalmamıştık. Aç kalsam dilencilik yapar mıydım bilmiyordum. Ama ekmek çalmayacağımı biliyordum. Yine de annem olmasaydı belki ben de... İhsan'a "Sakın bir daha ekmek çalma, bize gel, biz sana veririz," dedim. Kolundan tutup bizim eve götürdüm.

Anneme olanları anlattım. Annem İhsan'ı yıkadı. Söküklerini dikti. Bitlerini temizledi. Bize yemek koydu. Biz yemek yerken o, İhsan'ın ayağına göre çarık dikti. Evimizde bir yatak vardı, annemle birlikte ayaklı başlı yatıyorduk. Yataktaki yerine İhsan'ı yatırdı, kendisi de minderlerin üstüne kıvrıldı.

Ertesi sabah annem ikimize de "Haydi gidiyoruz," dedi. Nereye gittiğimizi bilmiyordum. Kesin dedim, İhsan'ı da mektebe başlatacak. Çocuk daha dün geldi, bugün mektebe yazılacak! Ama öyle olmadı. Kapısında Himaye-i Etfal Cemiyeti yazan bir binadan içeriye girdik. İçeride bir sürü küçük çocuk vardı. Annem bir kadına sarıldı. Hatırladım onu, daha önce annemle aynı dokuma tezgâhında çadır dokumuşlardı. Kadın artık burada sofracı olarak çalışıyormuş. Annem ona İhsan'ı gösterdi. "Bu garibi de alın abla, kimi kimsesi yoktur. Bitlerini temizledim, buna da bir yatak verin," dedi annem, gözyaşları içinde.

Kadın "Her yerden akın akın şehit çocuğu geliyor kız kardeşim, her yerden. Aç kalmışlar. Ayakları çıplak. Yolda gelirlerken yanmış tarlalardan buğday tanesi toplayıp da yemişler. Burada rahatları iyi. İyi bakıyoruz çocuklara. Hepsi memleketin evladıdır, hepsi hepimizin evladıdır," dedi ve İhsan'ı yanına aldı.

Sonra annem bana "Artık İhsan'ı merak etme. Ona kendi evlatları gibi bakarlar. Mektebe de gönderirler, her şeyi öğretirler. Büyüyüp gider," dedi.

Çıkışta yalnız döndük. Annemin elini sıkıca tuttum, eve varana kadar da bırakmadım.

İLBER ORTAYLI'dan mesaj var:

"Bu harb ne üç senelik İstiklal Harbi'dir, ne dört yıllık Birinci Dünya Savaşı'dır, ne de iki yıllık Balkan Savaşı'dır. Türkiye on yılı geçen bir süre harb etti. Babalar harpte ölüyor, anneler yokluk ve hastalığa dayanamıyordu. Sahipsiz çocuklara kim bakacaktı? Yüzlerce, binlerce çocuk öksüz ve yetim kaldı. Bunların sokaktan toplanması, himaye edilmesi, okutulup eğitim görmesi veya bir zanaat öğretilmesi için ilk yapılan iş; Türkiye Himaye-i Etfal Cemiyeti'ni kurmaktı. O günkü Türkiye'de bu çocukları ailelerin alması ve bakması imkânı geniş değildi. Cemiyet o görevi görüyordu. 1920'lerden beri çalışan bu kurumun adı sonraları Çocuk Esirgeme Kurumu oldu. Bugünkü Türkiye ve Türk halkı bu gibi çocukları almak ve yanında yetiştirmek konusunda yüksek bir hamiyet göstermektedir. Bu coşku ve eğilimi değerlendirmek gerekir. Günümüzde Türkiye artık merhametli insanların olduğu kalabalık bir topluluğa sahip onurlu bir millettir."

VATANIMIZ KURTULDU, VATANIMIZ KURTULDU!

1922

DÖRDÜNCÜ BÖLÜM

VATANIMIZ KURTULDU, VATANIMIZ KURTULDU!

1922

- 1 -

Geçen yıl doğru dürüst okula devam etmemiştim. Annem mektepteki hocaya "İdare ediver bunu," dediği için arka da bulmuştum biraz. Mektepte ders dinlemektense sokaklarda satış yapmak, insanların anlattıklarını dinlemek, gidip tren izlemek, gezip tozmak daha çok hoşuma gitmişti. Ama bunlar eskidendi, Mustafa Kemal Paşa gelene kadardı. Onu gördüğümde aklımdaki soruyu muhakkak sormalıydım. Kaç kez uzaktan gördüm. Koşsam yetişirdim. Ama gidemedim. Çekindim.

İstiklal Marşı'nı okuyordum durmadan. Evde anneme "Bak bir dinle," diyor, baştan sona hepsini tekrar ediyordum. Sonra aklıma bir fikir geldi. Emin'in babası şiiri duvarına yazmıştı. Kimbilir ne güzeldi o duvar. Ben de bizim evin duvarına yazacaktım. Kafaya koydum. Ama yazım pek fenaydı. Sokakta gazete satan çocukların elinden gazeteleri alıp alıp okuyordum. Meraklıyım ya, gazeteyi buldum mu hepsini hatim ediyordum. Ezberim de iyiydi. İki üç kere okusam ezberliyordum. Hesabım da fena sayılmazdı. Kaç senedir satış yapıyordum, para hesabı görüyordum, nasıl iyi olmasın? Ama yazmam fenaydı işte. Yazsam ancak adımı yazardım doğru dürüst. Kalemim bile yoktu ki!

Duvara yazı yazabilmek için iki şeye ihtiyacım vardı: Birincisi koca bir kalem, ikincisi de mektebe gidip yazı yazmayı iyice öğrenmem. Hocayı da hiç sevmiyordum ama bu işin hatırına katlanacaktım artık, ne yapayım.

Kalem işini halletmem kolay oldu. Demiryolunun oraya gittim. Orda eski kömür parçaları çok olur, heybemi yanmış kömürle dolduruverdim. Bununla yazardım.

O gün trenin gelmesini bekledim. Gelmişken treni de izleyeyim, diye düşündüm. Mektebe tekrar başlarsam buraya artık sık sık gelemeyecektim. Tren durunca içinden beş altı cılız adam indi. Ayakta zor duruyorlardı. Yüzlerinin iskeleti görünüyordu, dudakları incecikti, gözleri içine doğru çökmüştü hepsinin. Bunların onlar olduğunu anladım. Bazı askerleri cepheden geri gönderiyorlardı. Onlara uzun uzun baktım. Savaşacak hâlleri kalmamıştı ki, hepsi de sanki üflesen yıkılacaktı. Birbirleriyle vedalaşıp hepsi başka bir yere dağıldı. Birinin peşinden koştum. Kolundan tuttum. Ürktü.

"Cepheden mi?" diye sordum.

Başını salladı, konuşmaya bile mecali yoktu.

"Benim babam da ordaydı, şehit olmuş, öyle dediler. Uzun boylu, saçları siyahmış, alnında bir izi varmış, öyle birini gördün mü?" dedim.

Asker "Neler gördük, neler..." dedi ve yürümeye devam etti.

Sanki ben sana neler gördün diye mi sordum! Babamı gördün mü diye sordum! Biriniz de cevap verin! Anlatıverin!

Kızdım, koşa koşa eve gittim. Belki trenden inenlerden biri de benim babamdır, diye düşündüm. Görmemiştim ki hiç nereden bileyim. Gece yarısına kadar bekledim. Gelmedi.

- 2 -

Sabahleyin erkenden kalkıp mektebe gittim. Bundan sonra düzenli gidecektim. Kafama koymuştum. Mektebe gidince gözlerime inanamadım. En son gittiğimden beri ne çok şey değişmişti. Bizim hoca gitmiş, yerine sarıksız, genç bir muallim gelmiş.

Beni görünce elini uzattı, "Tanışalım," dedi. Elini öpmek için eğildim ama öptürmedi. Bana yer gösterdi. Bunca zaman gelmediğim için kendime kızdım. Neden daha önce gelmediğimi sordu.

Biriniz de...
...anlatıverin!

"Ben hep geldim aslında ama ara ara geldim. Okumam çok iyi. Hesabım iyi. Bana sade yazı yazmak lazım, onu öğretin, gidivereyim," dedim.

Muallim güldü.

"Mektebe sadece okuma yazma için gelinmez ki. Öğreneceğin ne çok şey var. Bir kere önce konuşmayı öğrenmemiz lazım," dedi.

"Ben konuşmayı pek bilirim. Anamın başı şişer, kafası kazan gibi olur, öyle çok konuşurum, istersen çarşıda ne olup bitiyor anlatıvereyim," dedim.

"Öyle değil," dedi genç muallim. "Mektepte çok konuşmayı değil, ne konuşacağını, nasıl konuşacağını, nasıl susacağını da öğrenirsin. Bir kere şu yapıvereyim, edivereyimleri kaldıralım. Düzgün konuşmayı öğreneceğiz. Haydi bakalım, geç evladım yerine. Bundan sonra da düzenli gel. Çarşıdaki havadisleri derslerden sonra dinleyelim," dedi.

Bundan önceki hoca olsa kafama sopayı geçirmişti çoktan. Hiç ses etmeden oturdum yerime. Biraz utanmıştım ama sevinmiştim de. Sanki hep oradaymışım, hiç gitmemişim gibi dersi dinlemeye başlayıverdim.

- 3 -

Annem İhsan'ı bıraktığımız yerde, arkadaşının yanında sofracı olarak işe başladı. İhsan'dan ve diğer çocuklardan haberler getiriyordu bana. Onun aldığı para karnımızı doyurmaya yetiyordu. Ben mektebe gidip geliyordum. Eve gelince yazma çalışması yapıyordum. Duvara şiiri yavaş yavaş yazmaya başladım. Önce annemin kızacağını sandım. Ama kızarsa kızsın, yine de yazacaktım. Bir akşam işten eve geldi, ilk dizeyi yazmıştım. Duvardaki kömür lekelerini görünce önünde dikildi.

"Ne yazıyor burada," diye sordu. Pek çok kadın gibi annemin de okuma yazması yoktu.

"Korkma, sönmez bu şafaklarda yüzen al sancak, yazıyor," dedim.

"İnşallah," dedi annem. Saçımı okşadı.

"Kızmadın mı?" diye sordum.

"Sen tek oku, yaz. Ben daha ne isterim," dedi annem. Derin bir oh çektim.

İLBER ORTAYLI'dan mesaj var: *"Cumhuriyet'in ilk yıllarında halkın yüzde 85'i okuma yazma bilmiyordu."*

Yazın okul tatil olduğunda yeniden satıcılığa başladım. Artık annem evde çörek yapamıyordu. Ben de gazete satmaya başladım. Hakimiyet-i Milliye gazetesini satıyordum. Gün boyu gazetedeki bütün yazıları okuyordum. Her bir şeyden haberim vardı. Akşam anneme anlatıyordum hepsini. Mahalledekiler bizim eve geliyor, beni dinliyorlardı. Soru soruyorlardı, bildiğim kadarıyla cevap veriyordum.

Misal ben diyordum ki: "Düşman askeri falanca yerde bozguna uğratılmış."

Bunlar kaç kişiymişler diye soruyorlardı. Ne bileyim ben kaç kişiymişler! Gazete onu yazmıyordu ki. Ben de biliyormuş gibi söylüyordum.

Bir akşam bir komşu "Savaş ne zaman bitecekmiş?" diye sordu. Bunu Mustafa Kemal Paşa'ya sorsan o bile bilemezdi. Ama böyle diyemedim. Üzülmesin diye tam tarih verdim.

"Ekinler ekilince savaş da bitecekmiş, öyle yazıyordu gazetede," dedim. Sevinsin gariban.

Annem o gün uydurduğumu anladı. Komşular gittikten sonra bağırmaya başladı.

"Anlatacaksan doğru dürüst anlat haberleri. Yalancı mı oldun sen benim başıma! Ekinler ekilince savaş bitecekmiş, inandırdın insanları kör olmayası!"

"Seviniversinler diye anlattım be, hemen ne kızıyon?"

"Seviniversinlermiş. Biliyon mu sen umut ne demek! Biliyon mu sen ümit ne demek," diye bağırdı durdu.

"Bilmiyom," dedim. Döndüm arkamı uyudum.

Umudun ne olduğunu o komşudan daha iyi biliyordum ben. Şehre her gelen gazinin peşinden belki babamdır diye koşuyordum ama o bizim eve gelmiyor, başka eve gidiyordu. Al sana umut! Ama bunu anneme söylemedim. Sabaha kadar küs yattık. Sabah uyandığında yine barışmıştık.

- 4 -

Bir gün demiryolunun orada gazete satarken bizim muallimi gördüm. Okul tatil olduğu için onu görünce sevinmiştim. Yanına gittim.

"Birini bekliyorum," dedi, "arkadaşım İstanbul'dan bir paket getirecek."

Ne olduğunu çok merak ettim ama soramadım da. Ben de yanında beklemeye başladım. Tren gelince arkadaşı muallimin yanına geldi. Paketi verip ayrıldı. İçinde ne olduğunu çok merak ediyordum. Paket yırtılınca içinden bir kitap çıktı. Kitabın üstünde ne yazdığını sesli okumuşum: "Çalıkuşu," deyiverdim.

"Çalıkuşu ya," dedi muallim. "Biliyor musun, Mustafa Kemal de bunu okuyormuş cephede!"

Cephede, savaşın ortasında kitap okumak mı? İşte buna çok şaşırmıştım.

İLBER ORTAYLI'dan mesaj var:

"Mustafa Kemal cephede bile kitap okuyacak kadar gerçek bir kitap tutkunudur. Binlerce kitap okumuştur. Biraz da onun için büyük bir adamdır. Okuduğu bilinen kitap sayısı 4.300'den çoktur."

Benim evimde bir tane bile kitabım yoktu. Sadece gazete okuyordum. Onun da yettiğini sanıyordum.

Hemen Eminlerin evinin yolunu tuttum. O kadar yolu koşa koşa gittim. Karnıma ağrılar girdi ama durmadım.

"Emiiin, sizde vardır. Okuyacak kitap varsa versene bana, okur geri getiririm, söz. Hemencecik okuyuveririm," dedim.

Soluk soluğaydım. Yorulup kapının eşiğine diz çökmüşüm. Emin'in arkasında babasının, o büyük şairin dikildiğini bile fark etmemiştim...

- 5 -

Günlerimi gündüz gazete satarak, geceleri de Emin'den ödünç aldığım kitapları okuyarak geçiriyordum. Gazetede öyle haberler yazıyordu ki yerimde duramıyordum. Nihayet 30 Ağustos'ta o büyük haberi aldık. İnsanlar sokakta "Vatanımız kurtuldu, vatanımız kurtuldu!" diye sevinç çığlıkları atıyordu. Yaşlı başlı dedelerin, ellerindeki bastonları havaya kaldırarak "Yaşaaaa!" diye bağırdıklarını, çocuklar gibi sevindiklerini gözlerimle gördüm. O gün evlerin ışıkları sabaha kadar yandı, annem de sabaha kadar kandil ışığında Kuran okudu. O hafta Ankara'da hep şenlik vardı. Hele gece düzenlenen fener alaylarını anlatmaya kelimeler yetmezdi. Zaferin bu kadar tatlı bir şey olduğunu bilmiyordum.

O günden sonra ordumuz işgal altındaki şehirlerimizi tek tek geri alarak İzmir'e doğru ilerledi. Arka arkaya haberler geliyordu. Uşak kurtuldu! Eskişehir kurtuldu! Balıkesir kurtuldu! Aydın kurtuldu! Manisa kurtuldu! İzmir kurtuldu! Bursa kurtuldu!

Annem sevinçten ağlıyordu. Karşısına geçtim. "E ben sana ekinler ekilince savaş bitecek demiştim. Bana inanmayıverdin. Bak gör, kimmiş yalan söyleyen?" dedim. Ohhh, bir rahatladım...

İLBER ORTAYLI'dan mesaj var:

"29 Ağustos 1526 tarihindeki Mohaç zaferi Avrupa tarihinin değiştiği bir olay, Türklerin imparatorluğunun zirve noktası olarak kabul edilebilir. Yaklaşık 400 yıl sonra, 30 Ağustos 1922'deki Dumlupınar Başkumandanlık Meydan Muharebesi'nde kazanılan zaferse, Türklerin Küçük Asya'daki anavatanlarını savunmalarının zaferidir ve beklenen bir başarıdır. Hatta şunu da ifade edebiliriz; 26 Ağustos 1071 Türklerin Anadolu'ya giriş tarihidir; 26 Ağustos 1922 ise Anadolu'dan asla çıkmayacağımızın belgesidir."

Mustafa Kemal Paşa 2 Ekim'de Ankara'ya geri geldi. Hepimiz oradaydık. Hepimiz dediysem, sadece bizim mahalle değil. Ankara'daki herkes. Evde hasta yataklarında yatan yaşlılar bile, kundaktaki bebekler bile geldiler kutlamaya.

Hep beraber bağırdık. Sesimiz gökleri buldu:

"Vatan kurtulduuuuuu!"

İLBER ORTAYLI'dan mesaj var:

"Mustafa Kemal Atatürk, İzmir'in kurtuluşu sonrasında hükümet konağına girerken merdivenlere serilen ve 'Onlar işgal ettiklerinde Türk bayrağını yere sermişlerdi,' denilerek çiğnenmesi istenen Yunan bayrağını kaldırtıp 'Bayrak bir milletin namusudur; ayaklar altına alınamaz,' diyecek kadar gerçek şövalyedir."

ANKARA BAŞKENT OLDU!

1923

BEŞİNCİ BÖLÜM

ANKARA BAŞKENT OLDU!

1923

- 1 -

O kış da hava diğer kışlar gibi soğuktu. Ama nedense pek üşümüyordum. Savaş bitmişti. Artık her şeyin düzeleceğine inanıyordum. Herkes "Artık daha çok çalışmalıyız," diyordu. Sabah kalkar kalkmaz gazete dağıtmaya çıkıyordum. Sonra koşarak mektebe gidiyordum. Okuldan çıkınca eve dönüyor ve uykum gelene kadar kitap okuyordum. Gazetelerde yazılan her haber sokaklarda dalga dalga yayılıyordu. Gazeteye basılan bir cümle kulaktan kulağa bütün Ankara'ya ulaşıyor; evlerde, sokaklarda, okullarda, çocukların oyunlarında bile bunlar konuşuluyordu.

Vatan kurtulmuştu ama İstanbul hâlâ işgal altındaydı. Önce saltanatın kaldırıldığı konuşuldu. Sonra da Padişah Vahdettin'in İngilizlere sığındığı. Sonra Lozan görüşmeleri başladı. Herkesin gözü kulağı oradaydı. Sokaklarda konuşulanlardan anladığım kadarıyla eğer görüşmelerin sonu istediğimiz gibi olmazsa savaş yeniden başlarmış. Savaşın yeniden başlamasını istemiyordum.

Ankara sokaklarında gaziler dolaşmaya başlamıştı. Kimi askerleri evlerine göndermişlerdi. Hepsi o kadar zayıf, o kadar yorgun, o kadar bitkindi ki savaşı nasıl kazandıklarını hiç anlamadım.

Mektepteki bazı arkadaşlarımın babaları geri dönmüştü. Çoğu, babasının öldüğünü sanıyordu. Birdenbire evlerinin kapısını zayıf, gözleri içine çökmüş, yorgun bir asker çalıp da "Ben geldim," deyiverince düşüp bayılanlar bile olmuştu. Bizim kapı da çalınır, babam gelir, annem de korkudan düşüp bayılırsa diye hazırlık yaptım. Kapının oraya minder serdim. Annem "Bunun burada ne işi var?" dedi durdu. Ama söylemedim. "Kalsın orada," dedim. "Ne zararı var kapı önündeki minderin sana?" Annem düşüp bayılırsa minderin üstüne düşsün diye düşünmüştüm.

Kimse gelmedi...

Annem her akşam işten eve gelince bana sarılıp "Eee güzel haber yok mu?" diyordu. Onun için gazetelerden güzel haberler ezberliyordum. Zafere alışmıştık bir kere, hep zafer haberleri almak istiyordum. Hep zafer olsun, hep şenlik yapalım, hep fener alayı olsun, herkes hep gülsün, anneme hep güzel haberler vereyim istiyordum. Ama hep de zafer haberi gelmiyordu işte.

O gün gazetede Mustafa Kemal Paşa'nın bir sözünü okudum. Alaşehir'de konuşma yapmış ve şöyle demiş:

"Bundan sonra çok önemli zaferlere kavuşacağız. Fakat bunlar, süngü zaferleri değil, iktisat, ilim ve irfan zaferleri olacaktır."

Hah, ben de bunu diyordum işte. Hep zafer olsun, hep...

- 2 -

Lozan Barış Antlaşması nihayet imzalandı. Haberi okuyunca derin bir oh çektim. Bu, savaş tekrar başlamayacak demekti. Savaş tekrar başlamazsa geri dönen askerleri tekrar savaşa çağırmazlardı. Tekrar çağırmazlarsa kimse gitmezdi. Kimse gitmezse çocuklar babasız kalmazlardı.

Bir gün annem işten gülerek geldi. "Hep sen mi

bana güzel haber vereceksin, bu kez de ben vereyim," dedi. Ne olduğunu pek merak etmedim. Annem Himaye-i Etfal'de çalışmaya başladığından beri oradaki çocukları anlatıyordu bana. Ayşe okumayı söktü, Hatice kilo almaya başladı, Mehmet iyileşti falan... Benim haberlerim seninkilerden daha önemli diyordum. Hatta bir keresinde annemle atıştık.

"Vatanın kurtulması mı daha önemli, çocukların iyileşmesi mi, sen söyleyiver!" dedim.

"İkisi de önemli," dedi annem. "Nasıl ki vatansız çocuk olmazsa, çocuksuz da vatan olmaz. İkisi de önemli, ikisine de sevin, sevinmek parayla mı?"

Annem yine böyle bir haber verecek sandım. Ama başka bir haber verdi o gün:

"İhsan'ın babası geldi."

"Aaaaa, nasıl geldi?"

"Geldi işte basbayağı. Cepheden dönmüş, karısının, anasının öldüğünü öğrenmiş. İhsan'ı aramaya çıkmış. Geldi buldu valla çocuğu kendi eliyle koymuş gibi."

"Altına minder serdiniz mi?"

"Kimin?"

"Kimin olacak İhsan'ın. Babasını görünce artık sevinçten mi, korkudan mı düşüp bayılıyormuş çocuklar. İhsan bayılmadı mı?"

"Yok. Koşup tuttu elinden. Gittiler," dedi annem.

Gözü kapının önüne serdiğim mindere takıldı. Kendi kendimi yok yere ele vermiştim. Şu çenemi hiç tutamadığım için kendime çok kızıyordum. Yine yapmıştım işte. Annem anlamıştı minderi oraya neden serdiğimi...

İLBER ORTAYLI'dan mesaj var:

"Mudanya Mütarekesi'nden sonra Lozan Antlaşması hazırlandı. Lozan'a gidildiği zaman İngiltere hâlâ kendisini büyük İtilaf Devletleri'nin başı sanıyordu ve yeni Türkiye'nin kazandığı zafere rağmen hiç de mütevazı bir davranış içinde değildi. Lozan Konferansı'nda işgal edilen bölgeler üzerinde tartışma uzun sürmedi. Zira Türkiye bunları süngü gücüyle almıştı; yani nereye Ankara Hükümeti'nin süngüsü girdiyse orası bizde kaldı. Bunun dışında bir şey alamadık, hatta hakkımız olan tazminatı da. Lozan'daki asıl mesele imtiyazlardı; yani kapitülasyonlar, yabancıların himaye ve imtiyazlarının tutulması söz konusuydu. Daha Birinci Dünya Savaşı'na girerken kaldırılan kapitülasyonların şimdi resmen yeniden ilan edilmesi gündemdeydi. İşte Lozan Antlaşması'nda Türkiye'nin bu sözkonusu eski statüyü değiştiren başlıca zaferi de bu konuda olmuştur."

Neyse İhsan, babasına kavuşmuş. Lozan da imzalandığına göre, artık cepheye çağrılmaz babası, ayrılmazlar. Ohhh, dedim. Ohhhh! Lozan'a da sevindim, İhsan'a da. Sevinmek parayla mı?

- 3 -

Ekim ayında hiç beklemediğim, aslında hep beklediğim ama artık beklemekten vazgeçtiğim bir şey oldu. Orta mektebe başlamıştım. Derslerim de pek iyiydi. Bütün yaz kitap okumuştum. Yazma çalışması yapmıştım.

Öğretmenimiz bir sabah "Yarın hep birlikte Meclis'e gideceğiz. Temiz kıyafetlerinizi giyinin," dedi. O gün okuldan çıkınca doğruca Meclis'in önüne gittim. Ben buranın inşaatını adım adım gezmiştim. Buradan bizim ev kaç adımdır, saymıştım. Kaç penceresi var, bahçesinde kaç ağaç dikili, çatısındaki kiremitleri nereden aldılar, içerideki sıraları nereden taşıdılar, hepsini biliyordum. Ama Mustafa Kemal Paşa geldikten sonra oraya hiç girmemiştim. Bahçesine bile yaklaşamamıştım. Hep karşıdan izlemiştim. Şimdi içeriye girecektim, çok heyecanlıydım.

Ankara başkent olacaktı. Bunun için gidiyorduk Meclis'e. Tören yapılacaktı. Öğrencileri de orada istemişlerdi. Sabah okulun önünde toplanıp Meclis'e yürüdük. Herkes çok heyecanlıydı. Sokaklardan insanlar akın akın Meclis'e doğru iniyordu.

İLBER ORTAYLI'dan mesaj var:

"Cumhuriyet'in kurulmasından günler önce İsmet Paşa bir kanun teklifi vererek Ankara'nın yeni Türkiye Devleti'nin başkenti olmasını önerdi. Bu teklif büyük bir destekle kabul edildi ve Ankara 13 Ekim 1923 tarihi itibarıyla resmen başkent oldu."

Meclis'in bahçesinde yerimizi aldık. Mustafa Kemal Paşa'yı görür müyüm, diye kafamı kaldırıp kaldırıp bakıyordum. Sonra birden bir cesaret geldi içime. Gözümün önüne duvara yazdığım şiirin ilk kelimesi geldi.

"Korkma!"

Gitmiyordu aklımdan bu kelime. "Korkma!" "Korkma!" derken kendimi içeride hayal ettim. Ben buranın bütün odalarını, bütün kapılarını biliyordum. İnşaatında çalıştım desem yeriydi. Her günümü burada işçilerin yanında geçirmiştim. Evim gibiydi burası benim. İnsan evinin içine girmekten korkar mı? Korkmaz. Korkma!

Öğretmenimize belli etmeden hızla sıradan ayrılıverdim. Arka bahçeye doğru yürüdüm. Arkadaki küçük kapıdan içeriye nasıl süzüldüm, askerlerin arasından nasıl geçtim, nasıl içeriye girdim, içerideki duvara nasıl nefes nefese yapıştım, ben de bilmiyorum.

Bir asker yanıma gelip "Senin burada ne işin var küçük?" diye sordu.

Görmeyiversen olmazdı sanki! Ne diyeceğimi bilemiyordum. Şimdi atacaklardı beni dışarıya. Öğretmen yanından ayrılıp içeri girdiğimi görürse canıma okurdu kesin. Canıma okusa iyi, anneme şikâyet ederdi. Annem kızmazdı ama ağlardı kesin. Ben annem ağlamasın diye uğraşıyordum zaten senelerdir. Kendime kızdım. Durduk yere ağlatacaktım annemi.

Askere bakıyordum hiçbir şey söylemeden. Bir kez daha ne beklediğimi sordu. Donup kalmıştım, konuşamıyordum bile.

"Mustafa Kemal Paşa'ya bir soru soracaktım," dedim. Ellerim, alnım, sırtım ter içindeydi.

Ben hiç ağlamam. Annem ağladığımı görürse üzülür. Hasta olsam da ağlamam. Satış yaparken de hiç ağlamam. Ağlayan satıcıdan kimse bir şey almaz. Eski öğretmen bir kere falakaya yatırmıştı. Tüm çocuklar ağlamıştı. O zaman bile ağlamadım. Ama asker "Ne bekliyorsun?" deyince içimden bir ağlamak geldi. Gözyaşlarımı tutamadım. Sanki içime yağmur yağıyordu da gözyaşları gözüme dolmuştu.

O sırada kapı açıldı ve içeriden o çıktı. Gözlerimin neminden tam göremiyordum ama oydu sanki. Onun resmini benim kadar çok görmüş çocuk var mıdır bilmem. Bütün gazeteleri okuyordum ben, hepsinde onun resmi vardı.

"Ne oluyor burada?" diye sordu.

Askerin bir şey demesine fırsat vermeden ben atıldım.

"Paşam ben size bir soru soruverecektim," dedim.

Uğraşsam da düzeltemiyordum bu konuşmayı. Böyle konuşunca öğretmenimiz hep "Hay dilini eşekarısı sokuversin senin," diyordu. Mustafa Kemal Paşa da kızacak şimdi düzgün konuşmadım diye. Dilimi ısırdım.

Gülümsedi. Yanıma geldi.

"Soruver hadi," dedi, "soruver gitsin!"

O öyle deyince rahatladım.

"Benim babam cephede şehit olmuş. Ben hiç görmedim onu. Dekovil hattının orada, trenden inen askerlerin hepsine baktım ben. Hepsini karşıladım, hepsine babamı savaşta gördünüz mü, diye sordum.

Hiçbiri cevap vermedi. Bir türlü gördük, görmedik demiyorlar. Şehit oldu, zaten biliyorum ben bunu ama size bir soruvereyim dedim, babamı cephede gördünüz mü?"

Gözyaşlarım boynumu ıslatmıştı. Paşa cevap vermedi. Beni omuzlarımdan tuttu, kendine doğru çekti. Sarıldı. Kulağıma eğildi.

"Cephedeki tüm babaları gördüm ben. Senin baban bundan böyle Cumhuriyet'tir çocuk," dedi.

Oracıkta, sanki babam gelmiş, kapıyı açmışız, zayıf, siyah, kuru, yaralı yüzünü görmüşüm gibi, korkudan bayılıvermişim.

Kendime geldiğimde dışarıda alkış sesleri yükseliyordu. Meclis bahçesindeki kalabalık Mustafa Kemal Paşa'yı bekliyordu.

"Korkuttun bizi," dediler. Su içirdiler.

"İyiyim. Ben öğretmenimin yanına gideyim, kızar göremezse," dedim.

Geldiğim kapıdan koşarak tekrar bahçeye çıktım. Kalbim yerinden fırlayacaktı sanki. Oradan ayrıldığımı neyse ki kimse fark etmemişti. Bunu öğretmenime anlatamazdım. Anneme de anlatamazdım. Kimseye anlatamazdım.

Senin baban...
Cumhuriyet'tir!

Annem akşam evde “Eee anlat bakalım, neler oldu bugün, haber havadisleri ver,” dedi.

“Hiiiç,” dedim.

“Nasıl hiç?”

“Basbayağı hiç işte.”

“E ne gülüp duruyon kendi kendine?”

“Ankara başkent oldu ya, ona gülüyom işte, daha ne olsun,” dedim. Kapının karşısına koyduğum minderi evin ortasına getirdim, üstünde kaç kere takla attım, saymadım.

- 4 -

Mustafa Kemal Paşa, *Cumhuriyet* demişti demesine ama bunun ne olduğunu bilmiyordum. Birkaç kez duymuştum sanki ama ne olduğunu pek bilmiyordum işte. Kimseye hiçbir şey söylemedim. Söylesem de zaten inanmazlardı. Ne demek olduğunu herkes o günden on beş gün sonra öğrendi.

İLBER ORTAYLI'dan mesaj var:

“29 Ekim 1923 günü akşamı 31 pare top atışı yapıldı. Türkiye Cumhuriyeti'nin ilk cumhurbaşkanın Mustafa Kemal Paşa olduğu bütün memlekete ilan edildi. Cumhuriyet devamlılıktır. Osmanlı, Türklerin imparatorluğuydu, bu da Türklerin cumhuriyetidir.”

---

29 Ekim günü Cumhuriyet ilan edildi. Bazen öyle olur, birileri güler, sen neye güldüklerini anlamazsın, ama onlarla birlikte sen de gülmeye başlarsın. Cumhuriyet'in ilanı öyle bir şeydi. Ne olduğunu tam anlamamıştık ama herkes güldüğüne, sevindiğine göre biz de sevinelim diyorduk, herkes gülüyordu, herkes seviniyor, sevinçten birbirine sarılıyordu.

O gün 31 pare top atışı yapıldı. Ankara top sesleriyle inledi. Bu top seslerini biz Sakarya Savaşı'nda duymuştuk. Savaştaki seslerin yerini zaferdeki sesler almıştı. Top belki aynı toptu ama bunun sesi ne güzeldi. Sokaklarda Mustafa Kemal Paşa'nın Meclis'te söylediği sözler kulaktan kulağa dolaştı:

"Türkiye Cumhuriyeti mesut, muvaffak ve muzaffer olacaktır."

Paşa'nın sesi kulağımdan gitmiyordu. Evimizin duvarına kömürle yazdığım İstiklal Marşı bitmişti. Son dizesini de yazmıştım. Karşısına geçip Paşa'nın sözünü defalarca tekrarladım. Tam ne demek istediğini anlamamıştım ama iyi bir şey dediğinin farkındaydım.

"Senin baban bundan böyle Cumhuriyet'tir çocuk!" demişti. E Cumhuriyet de ilan edilmişti işte. O zaman babam gelmiş sayılırdı. Artık üzülmeme gerek yoktu.

Sabah erkenden kalktım.

O gün Cumhuriyet'in ilk sabahıydı.

O günden sonra her şeyin dünden daha farklı olacağını hissediyordum. Bundan sonra her sabah aynı sevinçle uyanacağıma kendi kendime söz verdim. Duvarın önünde durup İstiklal Marşı'nı baştan sona okudum. Evden çıkmadan önce anneme sarıldım. Okula gittiğim zamanlarda çalışmıyordum. Ama o sabah, sadece o sabah için, koşarak matbaaya gittim, gazeteleri aldım.

O gün okula gitmeden önce Ankara sokaklarında avazım çıktığı kadar bağırarak gazete manşetlerini okudum.

"Cumhuriyet dün resmen ilan edildi!"

"İlk reis-i cumhur Mustafa Kemal Paşa'dır."

"Yaşasın Büyük Türkiye Cumhuriyeti!"

"Yaşasın Büyük Türkiye Cumhuriyetiii!"

"Yaşasın Büyük Türkiye Cumhuriyetiiiiii!"

YAŞASIN BÜYÜK TÜRKİYE CUMHURİYETİ!

1924

Öğretmenimiz okulun bahçesine fidan dikmemizi söylemişti bir kez. Fidanları diktik. Sonra hepimize birer sopa verdi.

"Bunları da fidanların yanına dikin, fidanları bu sopalara bağlayın, dimdik dursunlar, kırılmadan büyüsünler," demişti. Fidanlar onları bağladığımız sopalardan destek alarak büyüdüler...

Cumhuriyet de bizim için böyle oldu. Dimdik durdu Türkiye. Cumhuriyet'ten destek alarak büyüdü. Ben de ondan destek alarak büyüdüm. Okulu hiç aksatmadım. Bulabildiğim bütün kitapları okudum. Yakup Kadri'yi, Halide Edip'i, Reşat Nuri'yi çok seviyordum. En çok da Mehmet Akif'i.

Okul çıkışlarında gazete satmaya devam ettim, seviyordum işimi. Haberlerden uzak kalamazdım. Üstelik hep güzel haberler götürüyordum artık mahalleye. Benim geleceğim saatte bizim kapının oraya toplanmayı adet edinmişti mahalleli. Daha yokuşun başında bağırmaya başlıyordum.

"Anneeee, Mustafa Kemal gençleri yurt dışına sanat eğitimi almaya gönderiyormuş."

"Anneee, Musiki Muallim Mektebi açılıyormuş."

"Haberiniz olsun, Mustafa Kemal Paşa çiftçilere örnek olsun diye bir çiftlik kuracakmış."

"Duydunuz mu, duydunuz mu, Topkapı Sarayı müze olacakmış."

"Meclis yeni binasına taşınıyor, bitti inşaat, gözümle gördüüüüm! Bahçesinde konser olacakmış, hep beraber gidelim."

"Edirne'de müze açılacakmıııış!"

“Etnografya Müzesi yapılıyor, temel atma töreni var, oraya gittim gazete sattım.”

“Toplanın, toplanıııın. Bundan böyle yeni rakamlar kullanılacakmış.”

“Haberiniz olsun, medeni kanun kabul edilmiş!”

“Alpullu’dan sonra Uşak’ta da şeker fabrikası açılmıııış!”

“Benden söylemesi, yakında nüfus sayımı yapılacakmıııış!”

“Bundan böyle Latin alfabesi kullanılacakmış.”

“Duyduk duymadık demeyiiiiin, yeni Türk alfabesi kabul edilmiiiiş!”

“Haydi gözünüz aydın, tüm ülkede okuma yazma seferberliği başlatılacakmıııış!”

İşte burada bitti gazetecilik hikâyem. Yeterdi artık bu kadar habercilik. Herkes kendi haberini kendi okusun. Bir akşam eve geldim, baktım herkes bizim kapının önünde, yine beni bekliyorlar. Hiçbir şey demeden içeriye girdim.

“Eeeeee?” dediler.

Dedim: “Ne eeeee? Okuma yazma öğrenin, haberleri de kendiniz okuyuverin!”

“Aaaaa,” dediler.

“Yapabilir miyiz mi ki?” dediler.

“Zor değil mi?” dediler.

Ama öğrendiler.

Annem de... O da okuma yazmayı öğrendi. Bir gün onu elindeki kömür parçasıyla duvara yazı yazarken gördüm. İstiklal Marşı'nı bir de yeni harflerle yazdık duvara. Biz o evden taşınana kadar o yazılar orada kaldı. Uzun süre Çocuk Esirgeme Kurumu'nda çalışmaya devam etti annem. Çok yorulmuştu. Ama dünyada en büyük mutluluğunun yurda kimsesiz, annesiz, babasız gelen çocukların, vatana millete faydalı çocuklar olarak büyüyüp okuduklarını görmek olduğunu söyledi durdu hep.

Sadece çocuklar büyümedi. Cumhuriyet de büyüdü. Her yıl 29 Ekim'de büyük bir coşkuyla kutladık, ilk gün nasılsa her yıl öyleydik. Mustafa Kemal Paşa, Onuncu Yıl Nutku'nu okurken ben de oradaydım. Ama bu kez ne çörek satmak için ne şerbet satmak için ne de gazete manşetlerini bağırmak için. Türkiye Cumhuriyeti'nin bir öğretmeni olarak öğrencilerimle birlikte tören yerindeydim. Cumhuriyet'e çok şey borçluyduk, bu borcu ancak çalışarak ödeyecektim.

O gün Onuncu Yıl Marşı'nı ilk kez dinledik. O sözlerin her bir kelimesinin canlı tanığıydım.

"Çıktık açık alınla on yılda her savaştan," diyordu. Sahiden de öyle olmuştu.

"On yılda on beş milyon genç yarattık her yaştan," diyordu. Bunlardan biri de bendim.

“Başta bütün dünyanın saydığı başkumandan,” diyordu. Dünyanın Mustafa Kemal Paşa için neler dediğini okuyorduk gazetelerden. Hakkı vardı.

“Demir ağlarla ördük anayurdu dört baştan,” diyordu. İlmek ilmek ördüğümüz bu ağların asla kopmayacağından emindik.

Marşa hep bir ağızdan eşlik ettik:

Türküz Cumhuriyetin göğsümüz tunç siperi
Türke durmak yaraşmaz,
Türk önde
Türk ileri...

YÜZ YILLAR YAŞA BÜYÜK TÜRKİYE CUMHURİYETİ!

2023

İLBER ORTAYLI'dan Cumhuriyet'in tüm çocuklarına…

MAYIS, 2023

> *"Cumhuriyetimizin 100. yılındayız. Anne babalar kadar bu ülkenin geleceği olan çocuklarımızın da içinde bulunduğumuz yılın önemini anlaması çok önemli. Vatan topraklarının işgali, askerî çevrelerde Türkiye'nin Ebedî Başkomutanı olarak kabul edilen Mareşal Mustafa Kemal Atatürk'ün etrafında toplanan halkın işgale karşı verdiği muhteşem direnç ve o zor günlerde yaşananlar..."*

Yıl 1914. Dünyada çatışma havası esiyordu. Avusturya-Macaristan, Almanya bir tarafta; İngiltere, Fransa ve Rusya diğer taraftaydı. Osmanlı İmparatorluğu büyük devletlerdendi. Tüm barış arayışlarına rağmen bu dünyanın kavgasına girmek durumundaydı; dışında kalamıyordu. 1912'den beri fiilen savaş içinde olan Osmanlı İmparatorluğu aslında Birinci Dünya Savaşı'na zorunlu olarak giriyor, Avrupa devletleri ve Rusya'daki gibi çılgın zafer çığlıkları atılmıyordu. Türkiye durumun vahametini ve harbin uzun süreceğini anlayan tek genelkurmaya sahipti.

Her toplum tarihi yapar ve bazısının yaptığı tarih öbür toplumların ve dünyanın gidişini etkiler. Çanakkale Deniz Muharebeleri ve ardından kara savaşı, dünya tarihinde kendi anısına dikilen abide kadar kalıcı ve destansıdır. Birinci Dünya Savaşı'nın kaderini ve savaş sonundaki gelişmeleri etkileyen büyük olaylardandır. Savunma durumunda olan Türkler, Tıp Fakültesi ve Mühendis Mektebi'ndeki ve seçkin liselerdeki genç aydınlarından kasabalardaki becerikli zanaatçısına, ülkenin toprağını ekip biçen çiftçisine kadar ancak 40 yılda telafi edebilecekleri büyük kayıplar vermişlerdir. Kurtardıkları topraktaki insanlar, verdikleri savaş yüzünden vatandaşlık toplumuna doğru önemli bir adım atmışlardır.

Çanakkale'de savaşan asker Galiçya'ya gitmiş, aynı başındaki genç kumandanlar gibi Doğu Cephesi'ne kaymıştır, Suriye-Filistin'e ve Mezopotamya'ya akmıştır. 1915 ve 1916 Gelibolu ve Kut'ül Amare zaferlerimiz Britanya İmparatorluğu'nu sarsan, İngiliz kamuoyunu imparatorluk uykusundan uyandıran, İngiltere'yi Avrupa'dan Orta Doğu'ya çeken savaşlardır. Yanlış tarafta savaştık, daha doğrusu, bizim olmayan bir savaşın içindeydik, yenilgi kaçınılmazdı ve imparatorluk parçalanacaktı ve bu esnada da vatanımızı ve insanlarımızı da kaybettik.

Kurtuluş Savaşı, 1919 yılının 19 Mayıs'ında başladı. Bu aynı zamanda Mustafa Kemal Paşa'nın fevkalade ordu müfettişi olarak Anadolu'ya tayin edildiği tarihti ve Osmanlı İmparatorluğu'nun savaştan mağlup çıktığı zamanlardı. 30 Ekim 1918 yılı sonunda Mondros Mütarekesi ilan edildi. Mustafa Kemal Paşa, 1918 yılı kasım ayı ortalarında Mondros Mütarekesi gereği işgal edilen İstanbul'a döndü. Ancak onu zorlu bir süreç bekliyordu. Her şeyden önce memleketin dört bir yanındaki mücadelenin örgütlenmesi gerekiyordu ve 1918'in kasım ayında bu örgütlenmenin nasıl olacağı ve hangi hızla yayılacağına dair kimsenin bir öngörüsü yoktu. İşte Mustafa Kemal Paşa'nın eşine az rastlanır cesareti de burada kendini belli etti, izlediği yol her türden riski bünyesinde barındırıyordu. Ama büyük komutanlık ve önderlik de böylesi riskleri bütün yönleriyle hesaplayıp gereken cesareti gösteren insanların işidir.

1918'in sonunda bütün Türkiye, kadın, erkek, genç, yaşlı demeden memleketi kurtarmak istiyordu. Ama ortada yapılmış pek çok hata ve yorgun bir toplum vardı. Savaş biterken, 1918 Ekim'inin sonunda Türk İmparatorluğu neredeyse bugünkü sınırlara çekilmiş ve memleketin İtilaf Devletleri tarafından işgali, ordu ve donanmanın ve silah depolarının kontrolü, mühimmat ve silahların teslimi, ordunun önemli bir kısmının terhisi daha da beteri İtilaf kuvvetlerinin gerekli gördüğü durumda bazı bölgelerin de işgali kabul edilmişti. Birinci Dünya Savaşı sonunda

İtilaf Devletleri mağlup taraftan tarihte görülmemiş şekilde ağır tazminat, intikamcı işgal ve kontrol ile uzun harp boyunca kendi uğradıkları zararı tazmin ettirmek gibi bir tavır içindeydiler. Mağlup tarafa tarihte kimsenin görmediği hakaretamiz bir tavır takınılmıştı. Bunun sonucu olarak fakir, genç ve güçlü nüfusunu kaybeden millet köyde iyi çiftçiden, kasabada zanaatkârdan, şehirlerde aydın sınıftan mahrum kalmıştı.

Mütarekede Mustafa Kemal Paşa'nın bilhassa 15 Mayıs 1919 sonrası (İzmir'in Yunanlılar tarafından işgali; daha doğrusu İngiltere ve Fransa'nın İzmir'i işgal ettirdikleri vakitler) Anadolu'ya çıkma meselesini kesinleştirdiği zamandı. Mustafa Kemal Paşa ve yakınlarının en büyük başarısı yurdun dört bucağındaki işgale direnen ama ortak bir politika uygulayamayan kuvvetleri bir araya getirmek, hatta ideoloji ve dünya görüşleri birbirinden çok farklı grupların bir çatı altında toplanmasını sağlamaktı. TBMM Hükümeti ve Mustafa Kemal Paşa, etrafındaki silah arkadaşları, bürokrasi, Ankara'da toplanan aydınlar, İstanbul'da onları destekleyen basın, Anadolu'nun dört bir yanında onlar için çalışanlar bu bütünlüğü sağlayan taraflardı. Bir diğer önemli faktörse İtilaf Devletleri'nin arasındaki itilafın ihtilafa; yani birleşmenin çelişmeye ve çekişmeye dönüşmesiydi. Mustafa Kemal Paşa ve TBMM Hükümeti, İtilaf Devletleri arasındaki bu tip bölünmelerden ustalıkla istifade etmişti.

Kurtuluş Savaşı uzun bir savaştı ama Birinci Dünya Savaşı'na göre çok daha akılcı bir şekilde yönetilen, komuta kademelerinin çok daha dikkatli ve bilgili davrandığı, kurmay hizmetlerinin fevkalade doğru yürütüldüğü, demiryollarının işleyişine kadar birçok imkânsızlığın bertaraf edildiği bir üç sene söz konusuydu. Üç senenin ilk yarısında memleket içinde TBMM'ye isyan eden saltanat ve hilafet taraftarları olduğu gibi başka muhalif gruplarla da mücadele edildi. Ancak Sakarya Muharebesi'nin zaferle Anadolu hattını koruması, Yunan güçlerinin ricatle geri çekilmesi, bilhassa 26 Ağustos 1922'de başlayan Büyük Taarruz'un ve dört gün sonra Başkumandan Meydan Muharebesi'nin zaferle bitişiyle, 9 Eylül'de ise İzmir'e girişle bu defter kapandı.

Mondros Mütarekesi, Mudanya Mütarekesi'yle silinip gitti. 1923 yılında da Lozan'daki büyük kongre, İngiltere ve Meclis Hükümeti, Yeni Türkiye arasındaki gerginlik ve kongrenin bir ara kesilmesine rağmen Temmuz 1923'te bitti. Bu büyük bir antlaşmaydı. Yeni Cumhuriyet'in kuruluşu ve dünyada tanınması anlamına geliyordu. Lozan'da Türkiye kendi müttefikleri içindeki direnç gösteren tek ülkeydi. Bu antlaşma ile Birinci Dünya Savaşı hukuken sona ermiş, Yeni Cumhuriyet bu kabul ve tanınma sonunda teşkilatlanmıştı.

"Atatürk Türkiyesi bozkırın ortasındaki bir ışıltıdır."

1840'lı yılların Topkapı Sarayı'nda on yaşından gün almış, dokuzunda bir şamaroğlanı vardı. Lala, şehzade yerine ona kızardı, şehzade yerine onu uyarırdı, hata yaptığında şehzade yerine onu azarlardı. Herkes bir kınalı serçeden bahsederdi ona... Saraydakiler arasında gizli bir dil, sadece bilenlerin bildiği bir şifre gibiydi "Kınalı Serçe."

Çocuk edebiyatımızın üretken ve sevilen yazarlarından Şermin Yaşar, bu kez bizi Topkapı Sarayı'nda bir gezintiye çıkarıyor. Saray adetlerini, işgal yıllarını, değişen toplumu ve yeniden yeşeren ümidi bu kez bir şamaroğlanının gözünden anlatıyor. Kahkaha ve hüznü bir araya getiren bu tarihi yolculuk, Türk tarihçiliğinin büyük ismi İlber Ortaylı'nın verdiği bilgilerle zenginleşiyor.

Kaybolan mesleklerin izinde bizi yeni maceralar bekliyor.

Serinin ilk kitabı *Yorganın Ustası mı Olur?* yorgan ustasıyla tanışan Atlas'ın yorgancılık mesleğini keşfini konu ediniyor. Daha önce hiç duymadığı bu meslek karşısında oldukça şaşıran Atlas, yorgancı Yaşar Usta'yla birlikte çalışarak yorgan dikmeyi öğreniyor.

Yorganın Ustası mı Olur? sizi rengârenk, pofuduk bir dünyaya davet ediyor. Atlas'la birlikte bilmediğiniz bir dünyanın kapısını aralayacak, renklerin ve birbirinden güzel motiflerin arasında sıcacık bir hikâyenin kahramanı olacaksınız.

Kronik Çocuk'tan yepyeni ve kahkaha dolu bir macera serisi.

Futbol delisi Topatan ailesi ile ailenin en küçük üyesi Johnny'nin maceralarına odaklanan seri, okurlarına eğlence, heyecan ve bol kahkaha vadediyor. Futbol severlerin keyifle okuyacağı bu hikâyede aynı zamanda arkadaşlığın, takım ruhunun, cesaretin ve mizahın gücüne de tanıklık edeceksiniz. Farklılıkların birlikteliğini olabilecek en eğlenceli şekilde anlatan *Karavana Johnny* serisi, genç okurların okuma serüvenlerine renk katacak ve farklı bakış açıları kazandıracak.

Sosyal medyada "Akademisyen Anne" hesabı ile yüzbinlerce anne babaya gelişim destek önerileri veren, çocuk gelişimi alanında ülkemizin en üretken ve değerli isimlerinden Doç. Dr. Saniye Bencik Kangal'dan yepyeni bir seri: *Hayat Dediğin…*

Bu seriyle hayatın inişli çıkışlı yollarında birlikte ilerleyecek, nesiller arası iletişimden arkadaşlığa, okul hayatından maceraya, iyisiyle kötüsüyle her türlü duyguya ve duruma şahitlik edeceğiz. Doç. Dr. Saniye Bencik Kangal'ın eğlenceli ve içten kalemi bu kez okul çocuğu Nefes karakteriyle vücut buluyor; bir çocuğun gözünden hayatın karşımıza neler çıkarabileceğini her kitapta farklı bir temayla irdeliyor. çocukların penceresinden anlatıyor. Sevinç ve hüznün dengesinin, ânı yaşamanın değerinin altını çiziyor.